女性　母性　慾望

無止盡的『成為女性』

Le devenir-femme sans fin

賈克‧安德烈　（Jacques André）著

吳 建 芝　譯

Utopie

無境文化

【在場】精神分析叢書 02

女性　母性　慾望

無止盡的『成為女性』

Le devenir-femme sans fin

作　　者｜賈克‧安德烈（Jacques André）

譯　　者｜吳建芝

執行編輯｜游雅玲

版面設計｜荷米斯工作室　　07-2417678

【在　場】精神分析叢書　總策劃｜楊明敏

【奪　朱】社會政治批判叢書　總策劃｜吳坤墉

發 行 人｜洪寶芬

出　　版｜Utopie 無境文化事業股份有限公司

地　　址｜802高雄市苓雅區中正一路120號7樓之1

電　　話｜07-2239100

傳　　真｜07-2255307

無境網址｜http://www.utopie.url.tw

E-mail　｜edition.utopie@gmail.com

郵政劃撥｜42270037　　戶 名｜游雅玲

初　　版｜2011年9月

I S B N　｜978-986-85993-2-1

定　　價｜300元

Le devenir-femme sans fin

Jacques André

女性　母性　慾望

無止盡的『成爲女性』

目 錄 SOMMAIRE

07 【關於無境】 尋找另一個場景 / 楊明敏

11 【導 讀】 「成為女性」的漫遊 / 楊明敏

17 【譯者序】 女人是什麼？/ 吳建芝

23 「想要一個小孩」的各種理由
   Désirs d'enfant

31 逃出迷宮的引線—理論的與「女性的」
   Fil d'Ariane : La théorie et le féminin

53 平凡母親的平凡瘋狂
   La folie maternelle ordinaire

79 如果世界上的人都長得一模一樣的話
   L'empire du même

97 性差異有所謂？/性差異無所謂
   L'indifférent

109 和身體搏鬥的女性特質
    La féminité aux prises du corps

【關於無境】Utopie

尋找另一個場景

/楊明敏

　　Utopia 一書於1516年的問世，湯瑪斯摩爾不僅是在英語的世界中引進了一個新的詞彙，更重要的，是引入了一種對實然與應然之間差距的新思維。書中對他身處的社會現狀的尖銳分析，提出另類、務實的社會組織的存在，並且大大地嘲諷罔顧現實的理想主義者，這不同於後世僅將「烏托邦」譏諷為空想遁世的誤解。

　　細究摩爾的原作，可發現他的筆調既是嚴肅又是詼諧的，例如：Utopia 這個字源自希臘文，字首 ou指無（non）、也可以是eu，代表好（good），而 topos 則是場域、處所（place），一個好到無以復加以致無法存在的處所？還是它的不存在，所以美好？這地方的首府是沒有生氣的城市Amaurote（dim city），主要的河川 Anyder（waterless）是無水之流。時至今日，對這本經典中字辭使用的悖理，仍然有不同的解釋，同時也開啟了日後新亞特蘭大、魯賓遜飄流記等寓意的虛構。

時至19世紀末，這處所不再是座落於世界的彼端、汪洋中的孤島，佛洛伊德將它和每個人相連，它是每個人心靈空間、心靈裝置中的處所（Topik）。

　　早在研究失語症的時期，佛洛伊德便認為腦部的區位不足以解釋何以發生特定的障礙，一定要合併考量功能的問題。換言之，這處所不只是靜態隔離的空間，也是動態遞嬗的功能。

　　在世紀之書《夢的解析》當中，將夢的工作歸結為濃縮、置換、視覺的表現以及再度的潤飾之後，佛洛伊德援引了費希納，認為夢有別於意識清醒的世界，代表另一個場景，並進一步指出這場景、處所便是幼年的場景、童年的經驗，但是以近期的生活體驗作為替代物，在夢中以偽裝矯形的方式呈現。在白天面對現實，我們無從想像，但在許多夜晚，不經意又或者是情不自禁地再度「回歸」到失樂園。

　　但是被迫放棄的不是消逝的歷史，而是以另一種形貌出現在活生生的當下，佛洛伊德所設想的心靈的的裝置與機制，可以類比為光學儀器，例如：顯微鏡。但是心靈的空間與事件所對應的不是那些具體的鏡片，而是我們用肉眼無法輕易察覺的、虛擬的實相。客觀具體的外在現實，總

是對應另一個場景，後者與個人主觀的經驗與看法息息相關。

　　我們稱這場景為「無境」，「無境」的處所不是在世外桃源，而是在我們身處的社會；「無境」所發生的，不僅是社會的現實，也是我們內心的真實。

　　而這一切發生在此時此刻 (hic et nunc)精神分析的場景當中，且讓我們誠摯地邀請你們參與、在場。

「成為女性」的漫遊

/楊明敏

　　所有時代的(男)人，對女性特質之謎，絞盡
腦汁。可憐的腦袋，汗留淋漓…佛洛伊德在《精
神分析新論》討論女性性質時，如此引述海涅的
詩句。這探索隨著物換星移，越加的清晰，還是
日益險峻？

　　精神的雙性特質、認同的多重意涵、以及性
對象選擇的多種向度，這些是精神分析的發現與
建構，也是這些使得一個女人能當男人的精神分
析師（反之亦然）。

　　任何想以佛洛伊德在十九世紀末關於女性的
理論或泛談，作為 21 世紀初女性自主、獨立、平
等各類主張的支撐或反挫，不免要面對卡拉馬助
夫兄弟中的「首尾難分的棍棒」或「兩面皆刃的
匕首」的困境；以精神分析作為這論爭的工具，
不會有只對一方有利的結論。 Jacques André 教授
在《性特質中的女性起源》（五南出版社）一書

中以子之矛攻子之盾，認為「存在著一種結合興奮與幻想的、早生的女性特質」，對立於佛洛伊德以女性為名，＜女性特質＞、＜女性性特質＞的兩篇文章裡的觀點，以陽具為中心、以閹割焦慮為核心，遂行理論化、象徵化的主張。

這種針對女性特質，一方面批評佛洛伊德主張的局限，另一方面又開展他所遺留的線索（＜朵拉的個案＞、＜一個小孩被打＞），不再困囿於佛氏所謂的女性專有的困難：愛戀對象的轉換（從母親到父親）、性源帶的轉移（從陰蒂到陰道），不再依循女性性特質發展的三條路線：性冷感、男性情結引致的精神官能症，以及所謂的「正常女性」，而亦步亦趨地跟隨著「成為女性」的迂迴之途，細細爬梳從而構成了這本書如下的主題與篇章：

女性生小孩的慾望：對女性而言，「小孩」很少以無意識表徵存在。它代表的比較是象徵化作用完美的最後一筆，「從父親那裡接收一個嬰兒-男生」，這不但實現了伊底帕斯亂倫慾望，同時也治癒了自戀傷痕。這是正式的佛洛伊德的說法，另外有兩種主張隱含在他處行文當中，其一是肛門性的「最髒的東西」，昇華變成最珍貴的東西，成為她的持有物，這種模式伴隨的危險是母親隨時有可能把他排出去（expulsion）。另

一種欲望小孩的方式，猶如「米諾斯－邁錫尼文明」一般的存在著。在德爾菲與雅典的燦爛遺址之下，還存在著這個不為人知的文明。而在伊底帕斯之下，也存在著不為人知的情感：母親與女兒之間洶湧的原初愛戀。

女性與無意識：作者試圖連接無意識的核心與女性總是被潛抑的，這兩種主張。晚年的佛洛伊德將「拒絕女性特質」視為治療動力的最大羈索之一。隨著他一生作品的思路，「女性的」與作者研究的對象之間，彷彿存在著某種謎樣的聯繫。如果「女性的」是理論的他者，那意味著「女性的」不可能不為無意識效勞，也不可被完全理論化。

女性、性與身體：佛洛伊德的理論是從陰莖欽羨與閹割情結去演繹出女性特質，也因此這種女性特質的心理位置是次發而晚成的。但作者指出，在一個很邊緣的位置，在他的主要理論之外，還有另一條線索若隱若現地串起了他的全部作品；這條線索從未曾消失過，但也從未曾織出什麼具體的東西出來。這條線索開始於與弗里斯（W. Fliess）這位雙性性特質的專家的通信：「我習慣將每個性行為，視為一個涵括四個人的事件」，「我們可以懷疑被潛抑的核心元素總是女性元素。」

索福克勒斯（Sophocle）將這種女性說出來了：「尤嬌卡絲達知道，亂倫的慾望不是只有伊底帕斯有。『別怕一個母親的陰道入口，許多人便已在夢中享受過母親的床褥。對這種事情最不以為意的人也是最能自在承受生命的人』」。小小孩，不管是男生或女生，如何能迎得上尤嬌卡絲達的慾望？小漢斯的母親早晨把她的兒子抱到床上跟她親親，這或許還說得過去，「但是她去梳洗的時候也把他一起帶過去，這樣好嗎？」佛洛伊德如此問到。作者在此嘗試討論女性性特質的歷史性與普世性。

性差異的重要：作者與多位人文學者座談的同時認為，身處在一個「同時也被社會決定的論述圈」裡，卻試圖找出當時主流的集體表述，這是歷史學家的工作——或人類學家或社會學家的工作，而非精神分析師的。現在流行的辯論題目：「性差異、性別差異」，這些當然會引起精神分析師的興趣，但無論如何，它者性（altérité）——在此指的是無意識怪異、令人不安的它者性——比差異（différence）更能構成無意識對象的獨特性。

女兒與母親長得一模一樣的威脅：「最糟糕的莫過於有人跟我說我越來越像我母親了」，這句話對應著分析師與被分析者在結束時，分析師

建議結束在「新年的時候？」被分析者說：「不要…應該在母親節的時候」。法蘭斯瓦茲‧愛希提耶（Françoise Héritier）所提出的「第二種亂倫」（l'inceste du deuxième type）的理論，讓我們對於重要禁忌（interdit majeur）可以有一種重新思考的可能，一種不是越界的亂倫，而是不允許任何分化，一切都要統攝於一（l'Un）的亂倫。

尋常母親的尋常的瘋狂：平凡母親的瘋狂，最常以下列形式被聽到：「我們不想要你，我們不期待你來，你是一個意外，我想要墮胎的。」母親對一個小孩早夭的不幸，用其他的小孩，來替代無可替代的小孩。一切是這麼的自然而然，不該發生而發生了，該發生而未發生，這些對個案產生了難以言喻、難以象徵化的憂鬱的影響。

作者以多種女性的面貌，與佛洛伊德、當代的女性議題進行精神分析式的討論，我們應如何理解這個現象：「一旦開始閱讀佛洛伊德作品，便沒有完成的一天，而對作品的註釋亦無止無境？」光是討論讀者（尤其是精神分析師）對開山始祖著作的移情是不夠的，儘管這一點不可謂不重要。重要的是作品本身是否為開放的——有時甚至得是「混亂的」——才能容許日後人們在其中漫遊。

最後作者指出對女性深具意義的，與男性閹割焦慮不同的，「失去愛的客體」的焦慮。倘若愛情，以心被一支箭射穿的陳腐比喻，可用來說明戀愛兩造遭遇時的不對等性與暴力，女性之於男性就不是可以被理論化的他者，在這個基礎上我們也許應該不應該將女性本質化，而應該視為一種「成為女性」的運動，在這個過程中，被壓抑的不預期地、出人意表地回返，「成為女性」永遠不會是精神分析的既得知識，而是永無止盡的一日。

女人是什麼？

/吳建芝

「女人是什麼？」，這個問題衍生自精神分析大師佛洛伊德在一個世紀前關於女人的著名提問：「女人要什麼？」，但它或許更能符合當代精神。儘管這並不意味著「女人要什麼？」這個問題已經有了肯定且一致的答案。

時至今日，還有什麼是女人專屬的特質？而一個女人究竟要怎麼做／怎麼存在／用什麼樣的面貌出現，才能覺得她是一個女人，而不是一個女孩／女生／女的。

（我們在此不討論跨性的問題。我們在這裡討論的女性特質、女性性特質、女人的性特質，是在傳統 —— 精神分析的世紀下來 —— 異性戀女子的架構下開展出來的）

是應該性感美麗嗎？那麼又是哪一種性感？是在伸出那一手擦得紅艷的指甲的那一刻特容易

讓她覺得她是一個女人，還是踏上細跟高跟鞋的時候 —— 尤其對那些不穿高跟鞋就無法出門的女性而言？是乳白色薄紗內衣還是畫得長長的睫毛比較能給她所謂的女人味？

如果再這麼繼續羅列下去這二十世紀末打造出來的女人形象（看看那些電影吧。那擄獲所有都會女子的慾望城市），我們幾乎要以為女人是由這些外加於身體之上的物品所定義出來的。儘管每一種身體的「附件」不會沒有精神分析的意義。

或者，「女人感」是一種相對問題，是當女人處於男人的對面的時候，女人可以感覺是個女人？那麼是當她柔情似水的時候嗎？是她依偎在男人的身邊撫摸著他的胸膛的時候嗎？是男人激烈地與她做愛的時候嗎？或者是當她在男人的眼神中察覺到慾望的時候？是溫柔還是熾烈，是慾望還是行動？是否可以說，是一個有著男人味的男人，激活了女人身上的女人味？有哪一個女人在裘德·洛的慾望凝視之下，可以不感覺自己也旖旎作態了起來？

那麼，沒有男人在身邊的女人，就當不了女人了嗎？這麼說真是太不政治正確了，顯然不會是真理。

難不成最終能夠定義女人的，必須要回到女人的身體、性器官、甚至是子宮與卵巢？那麼，是一個女人當母親的時候，她的女性性特質可以獲得最充分地展現？還是，懷孕的時候？哺乳的時候？而今日的女人不願生孩子，究竟是因為懷孕／當母親，是標誌了女性特質的極致還是宣告了女性特質的死亡？

　　若撇開女人的性。女性的特質應該是什麼？精神分析創立的年代，女性總是與柔弱、被動、受虐癖這些性質形影不離。兩個例子可以看出女性／被動的連結，是如何牢牢地刻在佛洛伊德的腦子裡。在精神分析的早期，研究著歇斯底里的佛洛伊德，認為女性與歇斯底里的緊密關連，正是因為女性在幼時容易有被動的性經驗。女性－被動－歇斯底里構成了完美的三角，環環相扣。當他穿越了大戰來到二十世紀的第三個十年，精神分析的理論已然成熟、同時要進入到第二地誌觀（La deuxième topique），佛洛伊德描述了三種受虐癖的形式，其中一種，便被他命名為「女性的」，因此形式具有女性本性（feminine nature）。而他解釋為何如此命名：因為主角（在幻想中）總是被放在女性的位置 —— 被閹割、被性交、分娩，所以才稱之為女性形式（feminine form）。

對了，佛洛伊德還說，所有原慾（la libido）其本質都是男性屬性的（masculine）。

　　這樣把女人放在被動的位置、放在次要的位置、放在相對於「人類物種的代表」──男人──的他者位置，在今天，肯定會讓一群女人翻桌子。

　　正是因為二十世紀的性別革命，打破了傳統男性－主宰／女性－三從四德、男性－主動／女性－被動、男性－獵食者／女性－獵物的對立（這種劃分當然還可以繼續羅列下去）。當女人可以主動地拒絕被動的角色時，又還有什麼是可以把女人與被動連在一起的？如果被動並不如子宮、陰道一般是女性天生固有（innate）的特質，那麼又為何在歷史上的某個時段這件事會與女性那麼緊密地相連？另一方面，我們那麼慣常使用的「男性的／女性的」，在今日觀之，除了當作一種過時的（因此便利的）形容詞之外，在這個男女界限模糊的年代，還能有什麼意義？

　　女人，女人的性，女人的性特質，女性的特質。從來沒有哪一個時刻，這些辭彙呈現出這麼模糊的面貌，而「女人」這麼難被定義。

於是，所有的女性，爲了成爲一個女人，都得爲自己在這個問題上找到答案。也許有些時候得藉助精神分析的幫忙。儘管有些時候，當她們進入分析的時候，並不知道她們是爲了尋找這個答案。

還有母親。這個在精神分析的論述裡，那麼沈重又鄭重的字眼，在精神分析的世界裡（或者在真實的世界裡亦然？），幾乎遮蔽了女人的光彩。因爲總是討論母親的乳房、討論足夠好的母親，我們都忘了，母親是帶著她各式各樣的慾望大起肚子來的。首先，爲了生這個小孩，她需不需要欲望這個小孩？她是欲望這個小孩還是欲望給她小孩的男人？她欲望的是小孩的本身還是小孩的未來？（這個小孩將來會成爲舞蹈家、藝術家、民族的偉人…）？而母親如何能欲望小孩的本身，如果這個小孩不給她帶來某些滿足的話？身爲一個母親，所有的慾望都啓人疑竇，以致於沒有任何一種出生是純潔無瑕的。

「只有一個兒子的出生，才會帶給母親毫無保留的滿足。要是生的是女孩，那便很容易推衍出母親的失望、幻滅、被騙感。」這樣赤裸裸的句子，今天沒有人敢說出口了吧。大家努力地宣揚「男孩女孩一樣好」，以致於今日所有的母親都「真心地」相信，她愛女兒跟愛兒子一樣多！

然而，這樣的精神現實，應該著著實實地存在了兩千年了吧，那麼多的招弟見證了這種精神現實的暴烈。而如今，這種暴烈或許只能潛藏到無意識的深處，另一波潛抑的攻勢正蓄勢待發…

母與女…。假如女兒從一出生就承受了母親更多的恨、更多的失望。這是否為女性特質中與失落、客體的消失、被拋棄的害怕特別緊密的結合，提供了滋養的土壤？母與女…。如果這一個組合，比起父與子、母與子的組合，在一般人的耳中聽起來溫婉許多、少了一股直接的衝突性，這會不會是因為婆媳問題反倒替衝突提供了一個出口、一種遮掩？這是否可以是一種母女關係的「台灣式」理論？

作者賈克・安德烈試圖從精神分析的角度回答這些問題。這本集子收錄了他在十數年間舉辦的多個與女性相關的研討會的論文集 —— 一段長長的思索女性的旅程。也恰巧呼應了他於2010年末造訪台灣的研討會中所論及的數個主題。今日讀之，可謂溫故而知新！

「想要一個小孩」
的各種理由

Désirs d'enfant

「女孩在陰莖等於嬰兒之象徵等式的兩端滑動，她的伊底帕斯凝結成一個長久以來的願望：『從父親處得到一個嬰兒像得到一個禮物一樣；替父親生一個小孩。』」[1] 想要一個嬰兒的慾望，是一個閉幕式般的慾望，它替一連串的象徵連結劃上休止符。這一連串的象徵連結，是以陰莖忌羨作為它的起始點。起始點…或者是終點：「缺乏陰莖」這個年代久遠的因素一直沒有喪失其效力；這可以從母親對兒子出生與對女兒出生截然不同的反應看得出來。只有與兒子的關係，可以帶給母親全然的滿足…在兒子身上，母親可以把她必須壓抑的雄心壯志轉移到他身上，期待他能滿足她殘餘的男性情結（complexe de masculinité）[2]。佛洛伊德這幾段已成「經典」的話，既表達了他對 (女性) 欲望小孩的觀點，也解釋了為何這個問題很少獲得他的關注。作為一連串幻想的最後一環，「小孩」很少以無意識表徵存在。它代表的比較是象徵化作用完美的最後一筆，「從父親那裡接收一個嬰兒－男生」，這不但實現了伊底帕

1〈伊底帕斯情結之消融〉Freud, La disparition du complexe d'Œdipe（1924），法文版佛洛伊德全集，第十七冊　p. 32
2〈論女性特質〉Freud, La féminité（1933），法文版佛洛伊德全集，第十九冊，p. 217.

斯亂倫慾望，同時也治癒了自戀傷痕。

　　佛洛伊德的這個概念，完全吻合於他關於女性特質的理論。他描述的女性特質，是一種晚生且次發的心性形成，始於對陰莖反應式的忌羨；之所以稱之為反應式的，乃因這種女性特質與其說是為了**朝向**父親而轉移對象，毋寧說是為了**反對**母親而轉移對象——因為母親拒絕給她那個神聖的器官。

　　我提出兩點評論，一是理論層面的，一是實作面的。精神分析隸屬於一套不可能的知識論取徑：「一個以無意識為對象的理論家，自己也受著他想趨近的『內在異物』的籠罩，又如何能擺脫這個研究對象的效應？」當論述觸及心性形構時：在這兒的例子是女性特質，危險相對增加。當然，當問題觸及的是某個機轉——譬如潛抑——的概念化時，危險也隨之轉微。令人實在頭疼的一點是佛洛伊德關於女人渴望小孩的理論，跟一個戀物癖幻想，甚無分殊；也就是一個女人操著如下的無意識「言論」：「我知道我沒有陰莖⋯但是儘管如此，我有一個小孩，他什麼都不缺」由此作為起點，葛拉諾夫（Granoff）與沛希耶（Perrier）在他們的《慾望與女性》（Le désir et le féminin）一書中跨出一大步，把母性、母職轉變成女性戀物癖所採用的形式。

關於實作的評論：無論是否是佛洛伊德的戀物癖，每個分析師（男分析師或女分析師）都有機會驗證無意識中，嬰兒與陽具的等號關係。有許多人的全部生命（不只是男孩）都奉獻給母親的陽具計畫，成爲實際實現這個計畫的那個人。那些冠軍們的生命啊，註定爲女人而戰！

因此，批評必須從一個**相對**的角度出發：「佛洛伊德化之爲理論的，並非單一版本的慾望，而是想要小孩之慾望的多種樣貌之一。」仔細研究佛洛伊德全集，可以找出其他開放的路線，只是這些路線不見得都有延伸成完整的理論。值得一提的是，當中取材自另一種部份性特質（sexualité partielle）ª的路線。另一種，這一次是肛門性的；「最髒的東西」的各種昇華命運之一，是變成最珍貴的東西，一個黃金打造的嬰兒。這個黃金打造的嬰兒，不是爲了母親的權杖而生的，而是爲了成爲她的**持有物**——這種模式伴隨的兩難危機是，母親隨時有可能把他**排出去**（expulsion）。

另一種渴望小孩的方式，這種慾望如「米諾斯－邁錫尼文明」（civilisation mino-mycénienne）一般的存在著。在德爾菲（Delphes）與雅典（

---

a 譯註：「部份性特質」一詞，可以從「部份驅力」的角度來理解。分析性特質到最後，可以得到一些不能再分析的元素，這些元素就是部份驅力。每一種部份驅力都會有其定的來源（source）（譬如口腔驅力、肛門驅力）以及特定的目標（譬如觀看的驅力、掌控的驅力）。「部份」不僅意謂著這些部份驅力屬於性驅力的一部分，也必須從一種普遍與結構的觀點來理解：「部份驅力一開始是獨立運作的，之後在各個原欲組成階段會逐漸整合。」

Athènes）的燦爛遺址之下，還存在著這個不為人知的文明。而在伊底帕斯之下，也存在著不為人知的情感——母親與女兒之間洶湧的原初愛戀。母親「不會只滿足於提供食物，她呵護照料著嬰兒，也因此在嬰兒身上，喚醒了許許多多其他的肉體感覺，有些是愉悅的，有些則否。因為母親無微不至的呵護，她成為嬰兒的第一個誘惑者。」[3]透過這兩種關係，母親被賦予了一個獨特的重要性，無可比擬、歷久不衰、始終不渝。對**兩種性別**的嬰兒，她都是最早的愛的對象、最熾烈的愛的對象。想想如此這般的母親王國，會具有何等威力！最不濟的，也會在成人身上留下遺跡，尤其是透過渴望小孩的方式，表現出來：「給媽媽生一個小孩，從媽媽那裡得到一個小孩…在這條克萊恩已經用她最早發表的幾篇文章立起里程碑的道路上，佛洛伊德幾乎沒有再往前多跨一步。他雖然指出，結合母親與女兒的幻想之強度：「被母親殺死（吞噬？）的驚人焦慮」[4]，但並未提及在兒童遊戲中那麼常被搬演出來的「克萊恩式」的幻想：從母親的肚子裡偷走內容物／嬰兒。

今日，不難見到某位女性投入分析，是受到想要小孩之慾望的驅使。在二十世紀上演的道德

---

3 《精神分析綱要》Freud, Abrégé de psychanalyse（1938）, Paris, PUF, 1949, p. 59.
4 《論女性性特質》De la sexualité féminine（1931）,法文版佛洛伊德全集，第十九冊，11.

風俗的「革命」，一開始讓女人「受惠」，賦予她們過去不曾有過的性生活的自由。處女禁忌在西方社會中已然過時，便是這些劇烈變動最直接的明證。但其反作用力也就衝擊到「自動自發把嬰兒生下來」的傳統。一個女人原本註定的命運（婚姻、家庭、母職）如今不再。政治上的自由或許令人歡欣鼓舞，但精神上的自由卻帶來重重焦慮。「生」小孩已然落伍了，現在還必須培養出生小孩的「慾望」才行。這還沒完，讓這件事更加複雜的是，女人現在還期盼這個慾望是兩個人共有的。她和一個男人共有，或者她和一個女人共有。組合的遊戲在今日擁有無限可能。

就算想生小孩的慾望變得可被分析，它很難歸納成一種單一的慾望。相反的，讓這個慾望實現或不實現的形象、幻想，著實多得驚人。「佛洛伊德」式的慾望（也就是伊底帕斯式的）：「冀望從父親那兒得到嬰兒－陰莖」，仍有其一席之地，但它不再獨占鰲頭。有些女人的慾望首先是想要**懷孕**。她們渴望被充滿、渴望完整。但在這些渴望底下，浮現的一種抵抗憂鬱的反應、抵抗愛的失去。那是無法用「缺乏陰莖」化約的。另外一些女人想要的是一個**寶寶**，或者是一個「小女生」，或者…清單還可以繼續列下去，幸好不是無窮無盡。佛洛伊德說，當母親抱著、吻著她的嬰兒，她完全把嬰兒當作「完整性對象的替

代品」[5]。通常，潛抑會掩蓋裡頭「客體選擇」的性質，也因此保護了母親與嬰兒，允許肉慾感官可以在溫柔呵護的掩護之下盡情滿足。不過，總是有例外…我有一個女病人，熱切地想要再生一個，因為那樣才能重溫哺乳帶來的高潮。

當醫學技術使得輔助生殖成為可能，許多以前看不到的障礙現在就顯露出來了。這不只關係到這些技術是用「什麼方法」讓生小孩的慾望得以實現的。比如捐卵技術的受歡迎，又把我們帶回到米諾斯－邁錫尼文明去…，這種生殖技術不預期的「優點」是，它替一個女人切斷了和她自己母親的血緣傳承。她之所以能把小孩生下來，是因為這個小孩不會是她媽媽／小孩外婆「親生的」！但是與此相反的慾望也照樣存在：「孤雌生殖的慾望，靠著基因複製生殖（clonage）的技術就有可能夢想成真」。那麼這個世界上，就只有母親跟女兒、母親跟女兒、母親跟女兒…。無意識在做夢…。過去在「黑暗大陸」探索的冒險家，這回到了亞馬遜河的源頭了。

---

5 《性學三論》Trois essais sur la théorie sexuelle（1905），Paris, Gallimard, 1987, p.161.

逃出迷宮的引線—
理論的與「女性的」

Fil d'Ariane [1] : La théorie et le féminin [2]

1 譯註：雅麗安德涅的線（Fil d'Ariane）：按希臘神話中，克里特的國
　王有一個半人半牛的兒子彌諾陶（Minotaur），國王將他關在精心製
　作的大迷宮中，每年向雅典索求七對童男童女供他食用。雅典王子忒
　修斯為了解救雅典的苦難，前往克里特企圖殺死彌諾陶。克里特的公
　主雅麗安德涅（ Ariane or Ariadne ）愛上了忒修斯，便給了忒修斯
　一個線團以幫助他殺死彌諾陶之後逃出迷宮。
2 譯註：有兩種指稱「關於女性的」的詞，值得做一區分：la féminité
　與 le féminin。前者在本書中譯為「女性特質」，後者為「女性的」。
　儘管在中文中「女性的」為形容詞，但此處其詞性應屬名詞。故在本
　書中將以引號「」標識之。

無意識，假設也。這是它在知識論的定位。佛洛伊德當然有權主張：「經由精神分析實作，關於這個假設的對象[3]，我們擁有它的存在『無可辯駁之證據』[a]」，但這種說法仍無法改變終極而言「無意識乃為假設」之本質，而同時，因為無意識是一種假設，它在理論層面也就具有演進性的性質——1915年時無意識（l'inconscient）被視為等同於「被潛抑的」（le refoulé），兩者意義相混；而1920年之後，原我（id）當中最不可化約的部份，乃是出於人最根本之生物性。而「無意識」與提出無意識假設之「理論活動」兩者之間的差別，佛洛伊德認為這關係到無意識系統之特性：初級歷程[4]。挹注沿著兩個軸向移動：移位

---

3 譯註：無意識為精神分析研究探索之「對象」（objet）。
a 引自《無意識》L'inconscient，法文版佛洛伊德全集，第十三冊，2e éd. 1994, PUF, p. 208
4 譯註：初級歷程（processus primaire）與下文中的次級歷程（processus secondaire），乃是佛洛伊德所演繹出來的精神機構（appareil psychique）運作的兩種模式。它們的區別如下：
　（1）從地誌學（topique）的觀點：初級歷程乃為無意識系統的特色；而次級歷程為前意識（pré-conscient）與意識系統的特色。
　（2）從經濟—動力（économico-dynamique）觀點：在初級歷程中，精神能量可以自由流動，依循著移位（déplacement）與濃縮（condensation）的機制，無滯礙地從一個表徵（représentation）移動到另一個表徵；此時，精神能量會重新完整地挹注在代表滿足的經驗的表徵，這種表徵即構成慾望（原始的幻覺）。而在次級歷程中，能量在一開始是「被綁住的」（liée），之後會以有限的方式流動：表徵被挹注的方式亦較為穩定，滿足會被延後，因此心智經驗可以嘗試各種不同的滿足管道。初級歷程與次級歷程，正對應於享樂原則與現實原則。

與濃縮（déplacement et condensation），缺乏否定（absence de négation）（也因此缺乏結構）、無時間性、不理會現實，唯一規範的原則是享樂－不悅[5]。理論活動以這些事情爲對象而整理出概念來，但理論本身卻是次級歷程的產物。於是這些藉由理論活動以形成概念的事情，實際上都異於理論的本質。因此精神分析理論之所以會難以彌補地錯過其對象，便在於「理論」一詞之內在性質。某種程度下，所有科學取徑都會有「與其研究對象失之交臂」的問題：「論述某事物並不等於此事物」。不過，在此我們不必把知識論的反思推得太遠，這並非本文之目的。只是，提出精神分析之獨特性仍是必要的，尤其是相對於在知識論的層級上較相近的「人的科學」（sciences humaines）[6] ── 精神分析想靠近、理解、熟悉、使之不爲「異」的，是一個它同時斷言其性質爲異的「物」。

值得一問的是，要到什麼程度拉岡（Lacan）的作品才無法被詮釋爲 ── 至少，由其中之一種角度 ── 一種縮減此鴻溝[7]企圖。倘若無意識果

---

5 譯註：享樂原則是兩種心智運作遵循的法則之一。根據享樂原則，精神活動的目的是爲了避免不悅並且獲得愉悅（享樂）。不悅的產生是由於精神機構中興奮（excitation）的上揚，而愉悅是由於興奮的消除。因此，享樂原則是一種經濟觀點下的原則。

6 譯註：法國學界的sciences humaines處理的是「與人相關」的科學，因此包括政治、經濟、社會、心理各學門。與台灣慣稱的「人文科學」略有不同。

7 譯註：意指，精神分析理論探究之對象，與精神分析「理論」，兩者性質之差異。

真如語言般被結構[8]，便有可能期待某種相互性（réciprocité）：「語言是根據無意識的模式被結構的」。然而，把拉岡的這些話拿來作文字遊戲漸漸成為一種潮流、主流，最後變成強勢論述（可以極端到成為諷刺漫畫攻擊的對象了），這使得我們產生一種錯覺，以為話語便是事物本身[9]。理論與對象失之交臂的問題，程度不一定永遠相同，以致於到最後，拉岡的學生們被迫相信，無意識已經找到它的主人了，因為這個人會說無意識的語言。最近這幾年的「數模」（mathème）[10]在縮減鴻溝的企圖上，比文字遊戲成功，因為數學的典範在科學領域中，代表了「科學是一種象徵化其對象的過程」，但「本身又是對象」的獨特範例。

　　我們暫且大躍進式地提出主張：「理論活動因為服膺於理性的各種形式，反而使得精神分析師與他想掌握的背道而馳。」最能讓精神分析師趨近於無意識這個「異物」的話語活動，並非理論而是詮釋，是在移情情境中的此時此刻下的詮釋活動。當詮釋並非純粹揭露某個隱藏的意義，

---

8 譯註：「無意識如語言般被結構」（L'inconscient est structuré comme le langage）乃是拉岡的名言。
9 譯註：拉岡本人即是玩文字遊戲的大師。文字遊戲的形式包括雙關語、一字多義、運用重疊、濃縮（condensation）等方式創新詞，因此蔚為風潮。乃至於到最後拉岡學派將「無意識如語言般被結構」這句話中的比擬用語（comme）移除，變成「無意識就是語言」。語言就等於無意識（事物）。
10 譯註：拉岡的理論發展到最後，以數學符號來表現符徵（signifiant）之間的關係，拉岡為此種途徑創一新詞為「數模」。

當詮釋活動可類比於化學家添加藥劑的動作，將成份解組、去連結，那麼詮釋－解結(l'interprétation-déliaison)[11] 就是各種心智分析活動中，距離「思想合成」（ synthèse ）[12] 的功能最遙遠的了。「思想合成」的形式之一當然便是理論活動。

　　被分析者想要的是領悟、理解，讓不能被理解的事情可以有個意義。懷抱著這樣的期待，無疑地會給分析的動力帶來最可靠的推進力。然而事情卻不是如此簡單。「理解」大可以成為最有效的阻抗；「理解」要的是清晰與條理，卻正好對立於聯想遊戲的自由與不安。被分析者如是，分析師亦然。只要在治療時段中，分析師的腦海冒出了某個理論，他大可以做如下觀而毋需尷尬慌張：「所謂反移情的阻抗正帶著它最愛的面具之一闖進來。」

　　分析理論必然無法掌握它在分析進程中，企圖尋找的東西，因為理論尋求的是「 獲得意義 」

---

11 譯註： déliaison（解結）相對於 liaison （鍵結），這一組詞被佛洛伊德用在多種不同的脈絡下。它們可能是生物學上的運作，也可能是在精神機構中的運作。「鍵結」這種運作，其目標是限制興奮的自由流動，或是將各個表徵彼此連結起來，或者是建立並維繫某些相對穩定的結合物。在最終的驅力理論的架構下，「鍵結」是生之驅力的重要特色之一：「愛慾（Éros）的目標是建立越來越龐大的組合（unités），也因此是將事物保存下來，這就是鍵結。而另一個驅力（死亡驅力）的目標則是打碎這些關係，也就是把事物消滅掉。」（見《精神分析綱要》Abriss der Psychoanalyse, 1938. G.W., XVII, 71；S.E., XXIII, 148；Fr., 8.「解結」便是一個對立於鍵結的運作。）

12 譯註：synthèse 一方面是指思惟活動將兩種對立的思想做綜合整理，一方面亦指化學上的物質合成。

因為理論意味著在努力理解—解釋中，因為理論之屬性必然為思想合成、必然是將事物連結在一起。分析的進程可說是分析理論特出之處，但分析理論卻抓不住分析進程。如此便確保了理論的無限性。精神分析的對象既然神祕無窮盡，那麼把分析中的現象化為理論（la théorisation）也就會是沒有盡頭的永恆進行式 —— 或者，除了精神分析本身以外沒有別的盡頭。沒有任何事情比類似下面這句話的話更反精神分析：「佛洛伊德已把事情都說完了。」這種言論擺明了將理論關在一個已經建構完成的知識系統內。要知道，目前對理論的批評 —— 首先是康德式[13]的批評 —— 並非在原則上頭反對理論，而是企圖限制理論宣稱能達到的事以及強調理論**終究是暫時性的**的性質。話說回來，當所謂的精神分析的「操作」的各種架構設計顯然也隱含在理論之中，那麼在精神分析中是否還可能有「在理論之外」？「我們越是不去理會理論，理論就越是要來找我們」，這也不是不可能之事。

精神分析裡的理論思惟活動並不僅僅在一般知識論的條件下呈現出其脆弱性，還必須加上精神分析與所有其他知識取徑都不相同的獨特性。

在十九世紀末期的佛洛伊德，其原創性並不

---

13 譯註：康德的《純粹理性批判》並非一種對立式的批判，而是轉化、建構式的批判。

在於強調「性」這個因子在多種精神病理致病因中的重要性。許多人在他之前便已說過，尤其是布洛伊爾（Breuer）。佛洛伊德所跨出的那一大步（創始性的一步），精確地說，應是主張這些精神病理的病因，一概都是性的問題，因此將「性」與「可分析的」劃上等號。我們無法確定多年之後所引入的死亡驅力[14]是否有改變這個觀點。不論死亡驅力在後設心理學裡，投下了什麼樣的疑問，也不論究竟人們對死亡驅力形成什麼樣的概念，死亡驅力是屬於無意識範圍的，然而作為其表徵的東西是否能脫離愛慾（Éros）[15]而單獨被詮釋（／移位）呢？

　　光是說「性」是不夠的。這個精神分析如此名之的東西，如果說是精神分析「找到」了它，當中「建構」的成份亦不遑多讓。我們知道與尋常命名不同的是，精神分析裡的性（le sexuel）誕生於一個雙重移位（un double déplacement）：「從成人的世界移位到幼兒式的，從生殖器的移位到局部性的 —— 以及自戀性的 —— 性特質。」這雙重的移位，開展出原則上的「可移位性」 —— 就算不是所有事情都是性，性仍然與所有事情攪和

---

14 譯註：死亡驅力─佛洛伊德最後的驅力理論裡，有一類很根本的驅力，它們對立於「生之驅力」，尋求將張力完全消解，亦即將生物體帶回無機物的狀態。「死亡驅力」在最早的時候是朝向生物體內部，並傾向於造成自體毀滅。之後會被導向外部，於是便以攻擊驅力或毀滅驅力呈現。

15 譯註：Éros 在希臘文中意指愛情與愛神。佛洛伊德將其用於他最後的驅力理論，指稱整體「生之驅力」，並對立於「死亡驅力」。

在一起，而且很有可能是隨著整體人類活動一起延伸的。**其中也包括理論活動**。就這一點，佛洛伊德甚至多跨了一步 —— 性驅力與理論活動的相遇過程，並非性驅力闖進一個陌生的領域，然後偷偷摸摸地在裡頭追求它自己的目標。最早的理論探索、所有理論探索的始祖、那個帶領小小孩祕密問著「嬰兒從哪來的？」的理論活動，它唯一的激勵與源頭就是迫不及待的性慾望以及 —— 不妨說得比佛洛伊德更白話一點 —— 關於原初場景[16]的幻想。

真正精神分析在知識論上的獨特性乃是：「性，既是精神分析理論的原動力，同時也是它的對象。」精神分析理論究竟是一個關於性的理論（une théorie du sexuel），或者是一個由性構成的理論（une théorie sexuelle）[b]？我們擁有什麼樣的判準以區別理論化與幻想化（théoriser et fantasmer）[c]？如果說「將理論與幻想劃上全等號」是一種漩渦般的危險，而「心懷成見的理性主義者，遺忘理論本身所彰顯的」又是一種暗礁般的危險，在這兩種危險之間，掌舵手又該如何航行方能全身而

16 譯註：原初場景—— 幼兒看到、或根據某些跡象，假設雙親性交的場景。通常這種場景會被幼兒詮釋為由父親施予的暴力行動。

b 參考佛洛伊德為他1905年的作品取的標題：《關於性理論的三則論文》Trois essais sur la théorie sexuelle（台灣慣譯為《性學三論》）；同樣的語法出現在1908年的文章：〈幼兒性理論〉Les théories sexuelles infantiles

c 參考佛洛伊德《有盡與無盡的分析》L'analyse avec fin et l'analyse sans fin（1937）收錄於Résultats, idées, problèmes II, PUF, 1985, p. 240「如果我們不做臆測，亦不理論化（理論化也可以說是有那麼一點幻想化）後設心理學根本一步都前進不了」。

退？

隨著我們論述的是地誌觀(la topique)[17]、潛抑、或是無意識表徵的性質，混淆的風險大概也會不同。簡言之，因為我們如果停留在後設心理學最抽象的層次，跟我們深入某個特定的心性狀態，譬如女性特質，我們所冒的風險顯然不同。就以女性特質來說，讀者可以開始思考為何女性特質很晚才出現（在精神分析論述中）。這裡，以佛洛伊德自己為例，就可以看出當中驚人之處：他所構思出的論女性特質的精神分析理論，與小男生對此議題所擬的幼兒性理論有著完全相同的精神。另一方面，我們總說，戀物癖在組織出男性無意識性特質的這件事情上頭中，從不曾缺席，我們說這是它「最起碼的貢獻」，但說這話的同時，我們其實沒有考慮到，戀物癖這種特質，在佛洛伊德特意處理女性性特質（sexualité féminine）的文章中的貢獻，比它表面上看起來的還要多[18]。

佛洛伊德關於女性性特質的兩篇文章裡，隻字未提要到青春期生理成熟才與愛慾相遇的女性身體。當然，陰蒂以及與其相關的一切幻想，可

---

17 譯註：地誌觀—這種理論或觀點，假設精神機構內的區分建立在數具有特殊性質或特殊功能的系統並且彼此之間存在著某種順序、排列，以致於可將它們以一種譬喻的方式視為精神場所，然後我們可用空間成像來描述它們之間的關係。法國精神分析界慣稱：「佛洛伊德的兩種地誌觀，第一地誌是無意識—前意識—意識系統，第二地誌觀則為原我—自我—超我。」

18 譯註：這種論點，會在之後的文章中詳盡說明，尤其是在〈平凡母親的平凡瘋狂〉。

以逃過這個相當程度是解剖學造成的命運，但是這得歸功於陰蒂的陽具性（phallicité）。佛洛伊德所呈現的女性身體——一個由它沒有擁有的東西來定義的身體，這也就是我自己的反思所專注在駁斥的。雖然佛洛伊德所描述的這個身體並沒有被簡化到「發現沒東西」（perception négative）[19]的一無所有。我的想法是：「存在著一種結合興奮（excitation）與幻想的、早生的女性特質[d]。」因此，此想法可與佛洛伊德的相對立。佛洛伊德的論點可議處，可從論點替分析基石帶來粉碎性的危險看出：「如果女性的性必須等到青春期才會存在，如果它被排除於童年的初次扎根之外，這種性又怎麼可能成為不可接受的，而被歸到無意識去——以及被歸到精神分析的範疇裡去？」如果我們隨佛洛伊德的筆去追尋性冷感的命運，就會看到把女性特質化約成「用閹割情結涵括一切」所遇到的僵局。當佛洛伊德從臨床出發進行推論（譬如在＜處女禁忌＞（Le tabou de la virginité）一文中），性冷感就被關連到小女生亂倫慾望的強度以及後續的潛抑。但如果要根據陽具觀點（只有一種性器官；人類，或者有這個性器官，或者沒有。女性的性器官仍被埋沒，直到青春期。）以形成一個條理分明、前後一致的理論，他也禁

---

19 譯註：這是一種男性看到女性性器官的反應：「我看到那裡什麼都沒有！」。

d 安德烈·葛林對我的批評數語收在《愛慾的鎖鏈》Les chaînes d'Éros, Odile Jacob（1997）：「有可能我為了只注意符徵（signifiants）而忽略了身體」，在我看來沒有切中要點。

不住左支右絀了起來；這時，性冷感就被說成是體質或解剖因素，跟女性幼兒身體完全切離。（參考1932年《精神分析新論》中的〈論女性特質〉）

　　如何理解這個現象：「一旦開始閱讀佛洛伊德作品，便沒有完成的一天，而對作品的註釋亦無止無境？」光是討論讀者（尤其是精神分析師）對開山始祖著作的移情是不夠的，儘管這一點不可謂不重要。作品本身還得是足夠開放的 —— 有時甚至得是「混亂的」—— 才能容許人們在其中漫遊、歷險、在迴異與分歧的路徑間穿梭。端視我們選擇做參考的文章是《性學三論》、〈不安的熟悉，或陌生？〉（L'inquiétante étrangeté）、〈自我與原我〉、〈有盡與無盡的分析〉，顯然我們不是同一個精神分析師。精神的疆域有多大，尚在未明之境，佛洛伊德卻已在《文明及其不滿》的開頭幾頁給了一個「奇幻」映像：「且想像羅馬不是人居之所，而是一個心靈體，在當中任何曾經發生過的事情都不會消失。」在帕拉蒂尼山上，塞普蒂米烏斯‧塞維魯（Septimius Severus）的七殿樓（Septizonium）[20] 又崛然而起 ⋯ 佛洛伊德的著作透著理性主義的風采，也就是遵行理想中假設——演繹的模式與無矛盾之原則。但是，啊！就這一點而言，說他的著作正好相反也不算

20　譯註：古羅馬城起源於帕拉蒂尼山。西元203年塞維魯以羅馬皇帝之尊在山上建造塔樓七殿樓。此樓於1588年被夷平，今日已無遺跡留存。塞普斯米烏斯‧塞維魯（A.C. 146-211）生於非洲，後來在羅馬建立塞維魯王朝。

惡劣。這反而奇妙地讓他的作品更近似於他的羅馬比喻：「裡頭並存著無法妥協的論點、帶著預期理由[21]的論證、以及其他從邏輯的觀點看來的『錯誤』。」彷彿屬於作品的對象的東西污染了作品本身，讓所有早期階段的遺跡，並陳於最後期的理論發展。眾多例子只舉其一：關於焦慮的理論。基本上，我們很難以線性發展的方式，來描述焦慮理論如何被多次修訂，因為它的發展是混亂的，時常走三步倒退兩步。總而言之，即使所有精神分析的進路都回到最早的作品，它們也不見然是回到相同的地點，其中也包括關於女性特質的理論。

從1923年起，佛洛伊德就這個題目寫了幾篇文章，其中兩篇（1931與1932年的兩篇）是專門為此寫的。於是，這些文章所呈現出觀點的一致性，便在評註家們的心中構築出佛洛伊德式的「標準」論點。至少它算是強勢論點，而且，其有效性大部分已由經驗驗證⋯只要將其貼切性侷限在其所描述的：「女孩、女人如何進入陽具主題（problématique phallique）的方式。」如此一來，我們是否就精神分析而言已經把女性特質說盡了呢？我問的不是永遠被讚譽的詩人們的貢獻[22]。問題的答案關係著另一段故事。一段長長的故事，

---

21 譯註：pétitions de principe：一種邏輯錯誤，以尚待證明的命題作為論據。
22 譯註：這裡暗指《精神分析新論》中〈論女性特質〉文末作為結語的一句話：「如果諸位想對女性特質了解更多，那就訴諸於自身的經驗吧，或請教諸詩人，或等待科學給你更深入有條理的答案。」

由眾多繼佛洛伊德之後的作者寫就，但佛洛伊德也有參與。

　　事實上，就這個問題，有兩個佛洛伊德。一個讓陰莖欽羨成為在無意識層次上，既是開幕性的又是次發性的進入女性特質的時刻，此外還有另一個佛洛伊德。不太需要在此重述我的論據ᵉ，我只想引用＜朵拉的分析＞（1905年）與＜有個小孩被打了＞（un enfant est battu）（1919年）。兩者是另一條路徑的奠基石。1919年的文章是一篇十足的血肉之作[23]。在小女生的罪惡感與男性特質情結（complexe de masculinité）的基礎之上，佛洛伊德於此文中持與他日後主要觀點截然相反的立場。他在此的立場賦予幼兒式的女性之性（un sexuel féminin）一個重要位置；這種模式的性，連結被動、被虐、與對「最終性目標的預感能力」──也就是性交中的插入幻想以及伴隨的手淫活動。＜有個小孩被打了＞之所以屬血肉之作，因為理論活動與在無意識中的利害關係（des enjeux inconscients）之間的盤根錯節，如此難分難解，近乎於不可能的任務，而這篇文章正是這種不可能性的絕妙見證。原慾性的父親「盡全力」贏得他女兒的愛並且透過他的無意識奇想（fantaisie），

---

e　參考《性特質中的女性起源》（五南）Aux origines féminines de la sexualité, op. cit.

23 編譯註：為何稱之為血肉之作會在下文逐漸清晰起來。主要是因為，這篇文章涉及一個父親分析自己女兒。

促成了小女孩女性特質之誕生。這樣的父親在雙重意義上，是這篇文章的關鍵性角色。首先這個父親是這段分析中的要角，其次他是文章的分析師與作者。在提供佛洛伊德論據的病人中，他的女兒安娜 [f] 身列其中。沒有任何一段精神分析，能比這個亂倫式治療更逾越的了。由此產生了兩篇文章——父親的文章直入無意識幻想之核心；女兒的文章則選擇站在潛抑那方的陣線 [g]。

諂媚佛洛伊德的人將眼闔上，輕蔑精神分析的人則在其中找到敵意的理由，於是便看不到這個將理論、幻想、行動化，攪拌在一起的故事，巧妙地實驗性地證明了「無意識」這個假設。

在這兩篇文章中佛洛伊德明確地把女性性特質當作對象；要找到系統性專門處理男性性特質的文章，還得花點力氣呢！對這一點，有一個簡單但不足的解釋；整個佛洛伊德理論文本採用男孩的觀點，用的是男孩的心性發展，把它當作後設心理學假設開展的統一起點。這點或許被明白指出，如佛洛伊德在〈幼兒性理論〉裡寫道的：「我將呈現的，主要著眼於單一性別的演進，即小男孩的觀點」，也可能隱而不宣。把一概而論

---

f 參考 E. Young-Bruehl 著作之《安娜‧佛洛伊德》Anna Freud，Payot，1991

g 安娜‧佛洛伊德的文章 <Beating fantasies as daydreams> 被收錄在 The writings of Anna Freud，vol I，1922-1035，Inter. Univ. Press，New York，1974

的觀點與男孩的觀點混而一談，這讓佛洛伊德不用為了男性性特質，還得花力氣區分出另一個原創想法。

在這第一個解釋之外，還有另一個較為祕密的、也較為有趣的解釋，一方面因為這個解釋本身仍留在無意識裡，二方面因為它讓給女性的一個意外的位置。關鍵在於《摩西與一神教》裡的一句名言：「此外，從母親轉移到父親的過程，標示了精神生活相對於感官生活的勝利，因此也就是文明的過程，因為母親的身分是由感官確認的，而父親的身分是推測來的，是建立在演繹與假設之上。」[h]約定俗成被稱之為「父親」的，實際上是所有理論的濫觴 —— 甚至是整個假設－演繹系統的祕密出生地。這一點在佛洛伊德關於〈幼兒性理論〉的詰問中已可略窺一二：「提出『嬰兒從哪來？』的問題，幾乎就等於在問**爸爸**是什麼。」事實上謎題不在於嬰兒從哪裡生出來：「母親在懷孕期所經歷的變化，不會逃過兒童銳利的目光。」謎題反倒是嬰兒怎麼能進到那裡去的，其次是，那嬰兒又打算怎麼出來？

「父親」與理論是隨著同一個「清除障礙的運動」（如同「想通了」）而成立的，這種運動以感知經驗作為其基礎。因此所有理論在精神上

---

h 《摩西與一神教》L'homme Moïse (1939), Gallimard, 1986, p. 213.

都是「屬父的」。這兩者的對比值得以長篇闡述之，尤其關於伊底帕斯結構、伊底帕斯所代表的必須從與原初客體（母親）形成的雙人體（母子）撕裂出來，以及因此與理論建構活動之同源性。

如果我們結合之前提過的兩個解釋，我們會發現，當某個理論是把男孩的心性發展當作普遍發展的範例，這樣的理論活動，向來就只能讓「理論所蘊藏的東西」原形畢露。想當然爾，裡面所蘊藏的是陽具性的力量[24]。再多言一句：只從缺乏陽具（négativité phallique）的觀點去思考女性特質 —— 如佛洛伊德在1931年與1932年就是從這個切入點去試他的牛刀，這樣至少有一個優點是建構一個與理論**原則**本身一致的理論。《精神分析新論》裡第三十三講〈論女性特質〉建築在一個有趣的矛盾之上：文章的開始援引一個千年謎團（「那些戴著古埃及象形文字帽的頭／那些不幸的、流淌著汗水的人們的頭」，亙古以來便俯思著女性特質的奧祕），而結束於交付給詩人的任務（如果你還想知道更多的…），文章開始於對幽晦低頭，結束於對詩人讓賢，但在這文起文末中，理論可以把一切性源帶的轉變[25]與客體的轉變說得清清楚楚並把可能的女性特質的命運，舉列成一個清單，以致於你不得不問，那還有什

---

24 譯註：這句話彷彿在說：理論很屌；理論活動是件很屌的事。
25 譯註：佛洛伊德的女性特質理論，著重在性源帶的移轉，與愛之客體從母親移到父親的變化過程。

麼是我們還搞不清楚的？在這種矛盾中，便可以看到理論本身的**原則**。

依我看，產生的後果如下：關於女性的的問題，佛洛伊德最豐富的觀點，並非在刻意為此題目所寫的文章中；首先，他描繪的是一個陽具主題無法涵括 —— 亦即，無法象徵化 —— 的女性心性。我們講到〈有個小孩被打了〉時便已提到這個面向。其次，我們接著會詳加討論的第二重的問題，便是有意無意間將「女性的」當作探詢無意識眾多語意的引線，彷彿它是那條逃離迷宮的線索。

這從與弗里斯(Fliess)的通信時便開始了。「被潛抑的核心元素，總是女性元素。」[i]佛洛伊德這樣寫到。理解這句話的方式不能過與不及。按照字面解讀，這句話要說的只是「女性的」與無意識的等同性。但由此並沒有延伸發展出一個理論來，也因此削弱了底下這個情境以及情境裡的這個字的重要性（字與情境，兩者唇齒相依）：佛洛伊德和弗里斯討論雙性特質（bisexualité）。儘管如此 … 如何能不將此「被潛抑的核心」與1937年位於其思想另一盡頭的「拒絕女性特質」（refus de la féminité）牽上關係呢？1937年，佛洛伊德將「拒絕女性特質」視為治療動力的最大羈

---

i 1897-5-25的信，手稿M。

索之一。隨著他一生作品的思路，「女性的」與作者研究的對象之間，彷彿存在著某種謎樣的聯繫。如果「女性的」是理論的**他者**，那意味著「女性的」不可能不為無意識效勞。

若要列出散佈在佛洛伊德全部作品中關於「女性的」的清單，以及「女性的」之突然湧現所帶來的問題，那可得花上許多時間。史瑞伯回憶錄（Mémoires du président Schreber）之分析，是佛洛伊德重要的論精神病的文章，同時他也在理論中引入自戀。這些新觀念與「史瑞伯小姐」[26] 過度的女性特質之間會有什麼關係？今日的許多理論家堅定主張害怕被閹割所產生的焦慮，具有定性／轉化（qualification/élaboration）的功能，實際上在佛洛伊德的筆下已經可以找到跡象。這位狼人（l'homme aux loups）的分析師描繪出他的病人在面對女性目標（被父親性交）——這個目標在論女性性特質的文章中都不曾出現過！——時，其自我是如何虛弱，同時他也將（病人）自己招惹來的象徵性閹割威脅，描寫成求助的訊號。

這樣快速帶過佛洛伊德的全部作品，勢必是無法令人滿意的。我們會理解選這兩則簡短的例子，目的在於說明分析女性的的好處不限於討論女人的性特質。說得更明白一點，在佛洛伊德作

26 譯註：史瑞伯的主要妄想之一，便是轉性為女性，以為上帝服務。

品中有一個隱蔽的迷宮，值得我們在其中費神流連。所有佛洛伊德專門討論女性特質的文章，沒有一篇有處理到女性焦慮（l'angoisse féminine）的問題，這一點便十分驚人了。舉個例子：「如果想探究這方面的問題的話，不能去第三十三講裡找，得在它隔壁的十二講〈焦慮與驅力生命〉（Angoisse et vie pulsionnelle）裡找。」面對必要時，理論得轉一百八十度彎也不會遲疑的佛洛伊德，倒是從未動搖過「女性焦慮非屬閹割焦慮」的信念。陽具議題的確可能描繪不少女性的命運，但要把焦慮畫限在這個主題之內，那就顯得有些疲軟無力了。佛洛伊德對於這個難題的答案，可以說只是擬了草稿而未完整發展，但答案的本身即是一個引人入勝的謎題。咱們來看看下面這個矛盾：當他挑明了是在論述女性特質時，佛洛伊德將其描述為一種既晚發又次要的心性組成，完全涵括在閹割情結的範疇內。而當他詢探女人的焦慮時，他的質問又將他導向失去客體愛的焦慮，也就是焦慮的形式中最古老的一種，屬於嬰兒的焦慮，生於初誕生時的困頓。女性元素，這「潛抑的核心」。似乎有一個精神運作，是把女性元素透過焦慮複印到幼兒的核心之上。

　　且讓謎題保持開放。但值得以數語一提的是接下來如墜萬丈深淵般，進入這塊領域的佛洛伊德後繼者，這方便我們觀察此問題在理論與臨床

方面之重要性與豐富性。首先是梅蘭妮・克萊恩——姑且不論她這個人本身，至少她的作品足堪代表——她對失去愛的焦慮保持著開放性，而在其中找到她專屬的原創性之起始點。其次是整個**邊緣人格**（borderline）的視界，正是為此精神分析、精神病理學的邊界為之撼動，尤其危及到結構性的觀點。結構觀點（structuraliste）本身即是明顯的陽具主義。整體邊緣人格的視界，因此開展於焦慮與失落之間。

我們關注的焦點，並非主張女性特質的優先權，並非以女性中心的方式，來爭奪陽具構成（organisation phallique）在理論層面上，已經竊取去的優位。所有「中心論」的邏輯，皆是權力的邏輯，也因此在原則上便是陽具的邏輯，無論呈現在前的是哪一種象徵標記。

焦點亦非挖掘出一種在時間點上比閹割情結還早出現的早發的女性特質——儘管這種觀點在理論上是合理的，且在臨床上是必要的。

更該強調的是，當問題涉及探索憂鬱的精神邊境時，女性特質**分析性**的角色（le rôle analysant）便凸顯出來。在這邊境上，客體在同一個精神運作中形成、失去；在這邊境上，焦慮自客體的失去中誕生。

平凡母親的平凡瘋狂

La folie maternelle ordinaire

吻

「寓言。一隻雌猴發現了雛鳥的巢，高興地向前趨近。鳥兒們是會飛的年紀了，雌猴只能捉住其中最小的那隻。興高采烈的，她把小鳥揣在懷中，回到自己的巢穴，然後她開始看著這隻雛鳥，開始親他；然後，因為愛他愛得這麼多，她親他、把他翻來轉去、那麼緊那麼緊地抱著他，以致於最後她奪去了他的生命。

（接下來的寓意有點叫人出乎意外⋯）

這則寓言是寫給那些因為不懲罰小孩而招致不幸的人。」

里奧納多・達文西，亞特蘭大手稿集

達文西的這篇寓言幾乎原封不動地取材自老普林尼（Pline l'Ancien）[1]。在他的手稿集（Codex）[2]中，緊接在這篇寓言之後的，是他關於鳶的兒時回憶：「我還在襁褓中，一隻鳶飛到我身邊，用牠的尾巴把我的嘴巴打開，而且屢次用這只尾巴

---

1 譯註：老普林尼（Pline l'Ancien）：古羅馬作家、自然學家，以《博物誌》 Naturalis Historia一書留名後世。
2 譯註：Codex（Codex Atlanticus）：達文西的眾多手稿集之一，收錄了他的童年回憶以及他對鳥類、飛行的觀察記錄。

拍擊我的嘴唇。」這個經由佛洛伊德分析[a]而聲名大噪的回憶，和上述這篇寓言之間的相近性，不僅在於文字編排上，更由於達文西在普林尼的描述上，唯一加上的原創改編，即是以雛鳥取代（普林尼的）幼猴。當我們知道佛洛伊德關於這個回憶所提出的轉譯如下：「我母親在我的嘴巴上留下難以數計的熱情的吻」，當我們知道這份把母親和最小的兒子緊密相連的愛意，特別讓他激起無限感觸，我們便不免隨著丹尼爾・阿哈斯（Daniel Arasse）[b] 一同驚訝於，他竟沒注意到關於此詮釋最無可辯駁之證明。證明即是卡塔瑞娜（Catarina）的瘋狂、她瘋狂的肉慾、她對兒子李奧納多滿溢的愛。她並不是佛洛伊德作品中關於瘋狂母親[c]的第一個意象，但她卻是一個最備受矚目的角色——首先，因為她的熾烈、她對天才兒子才情之貢獻。我們不禁要問：「不曾有過『瘋狂的母親』，一個人是否能成為天才？」再者，也是由於她所指出的道路，那條道路通往平凡瘋狂的故事，那是一種俯拾皆是的瘋狂，無人能倖免的瘋狂。卡塔瑞娜誇張了點，如此而已。

其實，卡塔瑞娜也不過就是比常見的母親、

---

a〈達文西的一則童年回憶〉Un souvenir d'enfance de Léonard de Vinci (1910)，Paris，Gallimard, 1987

b Léonard de Vinci, Paris, Hazan, 1997, p. 488 sq.

c 從《私自的瘋狂》folie privée 到《母性的瘋狂》folie maternelle，安德列・葛林（André Green）為了讓這個被疾病分類學遺忘的字詞恢復昔日光彩，著力甚多。

比一般的母親多了那點什麼。平凡的母親，也就是「夠好的」母親；僅僅是夠好的，實際上也已經很多了：「母親對她正在哺乳和照顧的嬰兒的愛，」佛洛伊德如此寫到（他的用語裡有著第一重的分野值得注意——彷彿哺乳並不單純只是照顧），「比起日後她對青少年的孩子的情感，那深度是不可同日而語的。這份愛具有一種完全令人滿足的情愛關係的性質，充實的不只是所有精神上的慾望（désirs），也是所有肉體上的需求（besoins）。 所以，如果這種愛是人類所能企及的眾多幸福的形式之一，那顯然並不是因為它也提供了一種可能性，是讓母親可以——毋需自責地——滿足長久以來潛抑的、其性質應以性變態（perverses）形容之的慾望蠢動。」[d] 我們因此了解何以拉蒲朗胥（Laplanche）堅決主張這篇文章隱含了這層意義：「對於幼兒式的性（sexuel infantile）的誕生，母親擁有他者優位（primat de l'autre）[3] 的地位。」佛洛伊德的這幾行話裡頭每一點都很重要，尤其是這條思路：「這份原初的愛，就其強度、深度、就其性的多種面貌（polymorphie sexuelle）而言，皆不受日後愛情的影響。」正好相反，這種深度在小男孩、男人身上留下痕跡，甚或是傷痕；提瑞莎（Tirésias）[4]

---

d 《達文西的一則兒時回憶》Freud, op. cit., p. 146

3 譯註：他者的優位，乃為拉蒲朗胥的主張之一，他著有《精神分析裡他者的優位》Le primat de l'autre en psychanalyse一書。

4 譯註：提瑞莎，希臘神話人物。曾有七年的時間變為女身。被問及男性與女性的性歡愉何者為大時，她回答，若切成十份，男得一，女得九。

的幻想正是用神話表達了這種痕跡，亦即：「深信女性性特質之豐沛、甚至到無可滿足的程度。」由此，閹割焦慮獲得它最堅實的理由之一。經常，只要女性 (在性交時) 採取前位 —— 如過去母親一般，就可以看到這個主題浮現。

關於佛洛伊德的這篇文章，我最近讀到一則評論：「沒有責難、不覺罪惡的歡愉（這裡指是小嬰兒的母親），這正是性變態式的歡愉。」[e] 像這樣把佛洛伊德的話稍作更動，儘管看起來輕描淡寫，但我認為這顯示了作者實在是曲解了「性變態」一詞所能包含的。在性變態式的性特質中之所以缺乏罪惡感，代表的是潛抑所構成的屏障並不存在。顯然在沈浸在新生之愛與專注於初期呵護的母親身上，事情並非如此。事實上，在她們身上的潛抑絲毫未曾被移除過。某種程度上，情況是相反的。她在替嬰兒換尿布的時候所獲得並給予的樂趣，絲毫動不了她對糞便的厭惡。可以畫蛇添足地說，這種厭惡塵封著呢！甚至就是因為潛抑能夠持續，才允許（母親的）「無辜」允許她無視於混雜在她給的呵護裡的性。當潛抑搖擺不定時，事情就會變得無比真切了。譬如某個小男孩的母親，她本身受著強迫性格的驅迫，某天在躺椅上講到，她拿著浴用手套掠過小孩的

e Anne Minthe, « Un avatar de l'invention du féminin » (純屬杜撰的「女性的」之肉身體現)，in Invention du féminin, Campagne première, 2002, p. 113

陰莖時竟然會感到暈眩．「我應該徹底清潔，還是草草了事就好？」儘管小娃兒的勃起在潛抑的掩護下換得母親一笑，卻也激起了這位滿腦子遲疑困惑的母親些許的焦慮（與罪惡感）。再來，要用肛門拴劑的時候怎麼辦？——這種八成是某個強迫病人發明的東西，某個鼠人 [5] 的發明…

如果說「性變態」在此是造成混淆的字眼，那是因為針對幼兒性特質或是成人的性結構（organisations sexuelles），這個字的意義並不相同。前者是多型性的，享有驅力的可塑性（plasticité），以致於能搬演完所有的劇本、讓幻想以倍數增長。而後者，將性生活框在一個枷鎖內，其性行為如同程式設計般的死板生硬，只能逐字逐句地服膺於（一個！）沒有幻想性的幻想。至於對象，在成人的性變態，對象不只是可替代更換的，它更是無關痛癢的。然而，母親對嬰兒的愛是獨一無二且無可取代的。一個小孩早夭的不幸，便在於用其他的替代小孩，來替代無可替代的小孩。

同樣的道理，光用「戀童癖的母親」來指稱母親尋常的、隨處可見的誘惑，我認為是不足夠的。戀童癖者從一個兒童換過一個兒童，隨隨便

5 譯註：鼠人 l' homme aux rats 是佛洛伊德的著名個案之一。他的症狀是擔心某種東方的酷刑會發生在他父親與愛人的身上。這個酷刑便是讓飢餓的老鼠鑽入人的肛門。

便、朝三暮四。母親則不然。我們甚至可以說當母親被強迫性的性變態、被成人意涵下的性變態所支配時，受妨礙的將會是小孩幼兒性特質之萌芽發展。其命運如果不是往更幽暗的地方發展，那便幾乎別無選擇地，只能往認同攻擊者的方向長去。

或許應該這麼看：「這份無與倫比的深愛、這份和生命初始階段的照料養育相連的深厚的母愛，在母親身上也活化了性當中的幼兒面向（l'infantilisme du sexuel），其中包含了幼兒性特質的各種色調。儘管母親的成人身分無可否認，但母親當作禮物送來的『性』（le sexuel），性前戲（préliminaires）的味道更為濃厚，生殖器官的享樂還是其次。」米歇爾·蘇雷（Michel Soulé）[f] 在討論一部拍攝母嬰關係的紀錄片時指出，如果我們把影像遮住，只保留音軌（我們可以蠻輕易地想像那些聲音），就跟春宮片的音軌沒什麼兩樣。溫尼考特的「找到／創造」（trouvé/créé）[6]，翻新了我們習以為常的「內／外」（dedans/dehors）、「內生性／外生性」（endogène/exogène）、主體／客體的取徑，它所涉及到的很可能是整體的幼兒性特質。這個還沒有語言的小嬰兒[7]為自

---

f《嬰兒與它的身體》In L.Kreisler, M. Fain et M. Soulé, L'enfant et son corps, Paris, PUF
6 譯註：溫尼考特的名言：「你是發現客體呢?還是你創造了客體?」
7 譯註：原文在此使用拉丁文 infans，意指嬰兒，同時也意指還不會說話的。

己創造出來的歡樂的乳房，也是會主動跑到他的雙唇裡的乳房。

在佛洛伊德的作品中，若看到「互為主體」的觀點，那算是希罕的，儘管母親的誘惑、誘惑的母親之概念散落在整部作品的各處，一直到最後的《精神分析綱要》[8]。第一個跡象出現在《性學三論》，不過當時的重點略微不同。佛洛伊德在一段文字中勾畫出以下的母親形象，這段文字因為不斷被引用而成為名句：「母親愛撫她的嬰兒、抱在懷裡搖、親吻他，『完全把他當成完整性對象的替身』[g]。」當然，這段話可以被詮釋成母性當中的某種戀物癖，但是「把孩子當成完整性對象」也可以被翻譯為「把孩子當成渴望已久的陽具」。如果還需要證明的話，那便是在臨床上我們不斷地觀察到對小孩 —— 男生也好，女生也罷 —— 下的禁令，以阻止他們實現母親的陽具計畫；無論是阻止他們實現，或阻止他們失敗。閹割者的幻想幾乎不會不伴隨過分明顯的崇拜與愛戀。一個男人腦中不可自抑地想著「我媽瘋了」 —— 當他還是青少年時，某天進到房間時所見到的景象，讓他不可自抑地這樣想。因為他拒絕穿媽媽買給他的難看的褲腳肥大的短褲，換來的是

---

8 譯註：《精神分析綱要》為佛洛伊德生前最後一次濃縮性地「介紹」精神分析理論卻未完成的書。

g 《性學三論》Trois essais sur la théorie sexuelle (1905), Paris, Gallimard, 1987, p. 166

一條真正的短褲，短到完全合身，可以清楚地強調他想傳遞給女孩子和同年紀死黨的訊息。短褲被非常悉心地展放在床上，用來遮掩／暴露性器官的那個部份恰如其份地被剪掉了。

儘管如此常見，但只用「母性中的戀物癖」這樣的形象，很難說已經一語道盡母性或者母性的瘋狂。我們知道拉岡所採的理論進路──也是佛洛伊德理論進路的延伸（糞便、陰莖、嬰兒）──以及更明確地葛拉諾夫（Granoff）與沛希耶（Perrier）在《慾望與女性》（Le désir et le féminin）[h] 所採的理論進路，卻正是如此。「陽具優位」，這是一個幼兒性理論，因此爭執其為真理或為謬誤實無甚意義。反之，要賦予它一個分析理論所應有的普遍性（généralité），倒是件難事。這個精神分析的幼兒理論，與母親的瘋狂實在大有關係，而且就是與佛洛伊德的母親有關係，應該說是與西格蒙的母親有關係；西格蒙，也就是阿瑪莉亞的兒子。與母親的瘋狂大有關係，於是西格蒙毫不令人意外地創造出這個人物：「一個不識矛盾（ambivalence）的母親、一個瘋狂迷戀兒子的母親。」佛洛伊德這樣寫道，「所有親密的情感關係，都含有一些排拒、敵意情感的沈澱物」除了一個例外：「母親對兒子的自戀關係[i]。」

---

h Le désir et le féminin, Paris, Aubier, 1979
i 《群體心理學與自我分析》（1921），法文版佛洛伊德全集，十六冊，Paris, PUF, 1991, p. 39, n. 2

才剛打造出這個最早的誘惑者的母親形象，也就是那喚醒孩子的性驅力的母親，佛洛伊德想讓自己安心：「事實上母親根本不會想到這些，她只是在做**她該做的事**。」而且，如果沒有這段學習愛情的過程，小孩將無法「成為一個有能力的人、具備充沛的性需求、並且完成生命中驅力促使一個個體所能做的事情。」[j] 第二地誌觀將會用更絕對的方式說明： 愛欲（Éros），生也。如果有比誘惑更糟的瘋狂，那便是**誘惑闕如時所生出來的瘋狂**。

就這樣，我們切換到了另一種嬰兒、母親、瘋狂。

艾甜兒（Esther）就把這個矛盾之處呈現得淋漓盡致：「一段分析的進展必得有些基礎，如果沒有建立出這些基礎，分析的進展將無所依憑，然而艾甜兒的分析基礎是建立在許多的『不克前來』。」長期以來她都沒有察覺到。我也沒有。她一直維持一個她還在的訊息，她想，如果她沒有至少一個禮拜來一次的話，這條線就會斷掉。這條線…女性特質（féminité）的某些東西會讓人想起紡織的譬喻，不只是為了遮掩缺席，也是為了堆砌出缺席來。紡織，是一項時間的試煉。當艾甜兒不來的時候 —— 她經常不來，所以，這是

---

j 《性學三論》，op. cit., p. 166

常態 —— 她從不預告。因為有時她會在治療時段到尾聲的時候才敲門，所以也不可能從她的遲到 —— 即使遲到很久 —— 來預測她會不會缺席。在誘惑的邏輯裡，這可說是讓自己被等待，但在這裡，卻完全是另一套邏輯。艾甜兒並非在玩弄時間；時間，是一種她不具有的精神範疇。卡爾·亞伯拉罕（Karl Abraham）曾假設，如果女人讓男人等，那是為了報復：「陽具的優位迫使她們得等待『勃起』這個性行為的先決條件」。但並非因為是我在等艾甜兒，就可以說成是一個男人在等她。我在等的是一個嬰兒[9]，她讓自己被等待。缺席仍要付費的規則或許會惹火許多人，但對艾甜兒而言，這個規則是最豐富的詮釋。付費，使得治療仍在繼續，即使她不來。當然，條件是她不事先通知。某天，當缺席變得對她而言不那麼必要時，艾甜兒說：「如果我事先通知，那治療就真的沒有發生了。」一個既豐富又靜默的詮釋或許可以這麼說：「缺席並非死亡或消失，它讓存在得以持續。妳不來，並沒有讓妳消失；沒被生下來並不代表不存在，有人在等，在等妳，在精神上，憂慮著妳的缺席，在守候著妳可能的到來。」移情重複了沒有發生過的事 —— 我們可以猜在那遙遠的過去，有一個用防衛的身體懷著孕的母親，她理應賦予新生，但她心裡被一個「找不著葬身之地的死人」佔據著。皮耶·費狄達

---

9 譯註：attend un enfant，等嬰兒，在法文用語中，意指母親懷胎等待生產。

（Pierre Fédida）如此描繪憂鬱（mélancolique）的形象。

　　繼因過度而瘋狂的母親之後，是不足所造成的瘋狂。我們可以隨著彭塔里斯（J.-B. Pontalis）提問：「哪件事對一個女孩而言比較困難，在父親的眼神中看到以她為對象的慾望，或在當中什麼都沒看到？」[k]⋯ 這個問題與母親凝視中的空洞，想必觸及的不會是相同地方，產生的效應亦不同。但我們不難達到共識的是：「這種創傷的衝擊性一點兒也不小，而在精神上如何處理這種創傷，也會是個大難題。」

　　雖然溫尼考特並非第一個在理論上與實務上對精神分析提出這些問題的人，但在這個領域中他有著特殊位置。不經意中，我發現精神分析史的脈絡，串成了我演說的內容，彷彿這點出了一些「有關事物本身的退行運動」之類的東西。因為在佛洛伊德與溫尼考特之間，還有克萊恩，那位精神分析的瘋狂母親。佛洛伊德並不承認他與這位女性在這個問題上有任何關連，但是當他在1931年發現米諾斯－邁錫尼文明（civilisation mino-mycénienne）時，那是在這位「天才雜肉商」[10]

---

k 《過不去的時間》Ce temps qui ne passe pas , Paris, Gallimard, 1997, p.13, n. 1.

10 譯註：天才雜肉商（la géniale tripière）這是拉岡給克萊恩下的評語。tripière 是專門處理動物腹腔下半部器官的屠夫。

發表她的轟動文章〈早期伊底帕斯衝突〉（Les stades précoces du conflit oedipien）[1] 之後的事了。尤其，佛洛伊德認為許多古老幻想是母女早期關係的家常便飯，而我們只需要細數一遍這些古老幻想，便不難理解在梅蘭妮‧克萊恩與邁錫尼之間存在著不少的重疊之處。佛洛伊德筆下原初誘惑者的母親，乃是尤嬌卡絲達（Jocaste）[11] 的後裔，她們因為不知情而受到保護。而梅蘭妮‧克萊恩筆下的古老母親，則是美狄亞（Médée）[12] 的後代，喧囂而憤怒。一個愛得過火，另一個致人於死。

或許，精神現實的暴力性要像這樣退無可退時，呵護、關心、在乎、傾注的問題，才可能以新的方式被考慮。溫尼考特不講母性瘋狂，他重新建立和單純自然狀態的聯繫。溫尼考特筆下的人類自然天性被稱為「平凡地奉獻的母親」或者「足夠好的母親」。他寫道：「你可以想像有時我會因為這句話而被嘲弄，有許多人猜想我對『母親』這個主題特別敏感，認為我理想化母親，認為我把父親置於一旁，認為我無法相信，某些母親如果不是壞透了，那也是挺糟的。我得自己消化掉這些小批評，因為對於這些話所隱含的意

---

1 1928年的文章，收錄在Essais de psychanalyse, Paris, Payot, 1980.
11 譯註：尤嬌卡絲達：伊底帕斯王的生母。在神話學的討論中，常常提到她的無知。
12 譯註：美狄亞：希臘神話中，因戀人移情別戀，而手刃親兒的母親。

義，我並不覺得丟臉 ᵐ。」這些話所隱合的意義一方面是所有的嬰兒都有這種攸關生死的需求——有一個人必須協助這個完全不成熟並全然依賴的小傢伙，渡過成長歷程的早期階段；另一方面，是相信母親會提供一個足夠好的人類環境、配合適應於嬰兒的需要，也包括情感上的需要，而這些事情的發生是尋常且自然的。母性的慈愛，至少就與依附（attachment）相關的慈愛而言，並非人類專屬。溫尼考特將精神衝突暫置一旁，形塑出一個極具哺乳類特性的母親／自然，母親若能遠離專業建議與書刊，而就做她該做的事，那就再好不過了。只需要聽聽從躺椅上傳來的讀過貝努（Laurence Pernoud）¹³ 或者都朵（Françoise Dolto）¹⁴（那更糟！）之後的覆述，就會知道溫尼考特沒有錯。溫尼考特描繪的自然母親嚴格地說來是「沒受過調教的」。

從女孩到母親，從母親到母親的母親…，女人（溫尼考特此時用全部大寫來呈現這個字）和人類之間有一種男性所沒有的連結 —— 或許，捐卵技術之備受歡迎，以一種反向的方式、在衝突的層面上，確認了這一點。能夠懷孕、能夠當

---

m The Ordinary Devoted Mother, 1966
13 譯註：Laurence Pernoud (1918-2009), 發表兩本討論生產懷孕的專書：《等待孩子出生》j'attends un enfant，《我的孩子我自己帶》J'élève mon enfant。書之暢銷，作者受封法國國家榮譽勳章。
14 譯註：Françoise Dolto (1908-1988), 法國兒童精神科醫師與精神分析師。為法國兒童精神分析之先驅，影響甚廣，尤其因為廣播媒體之推波助瀾。2008年其百年冥誕時法國社會還廣泛討論其思想遺產。

一個小孩的媽媽，這一切都多虧了母系的傳承，在基因上與心理上發生了一個斷裂（心理上可以嗎？）。儘管年輕媽媽還是可能會懊悔小孩不完全是她自己的，不過這是為了讓小孩在基因上不是她自己媽媽的孫子所必須付的代價。

平凡地奉獻的母親，是提供子宮的母親的延續，是有袋動物的母親，在體外延續著她在體內開始的工作。說這些是「平凡」的，或者說是「夠好的」，意謂著這對嬰兒來講並不是沒有挫折的；儘管如此，溫尼考特還是提醒我們，母親是不會撒手不管嬰兒的。這樣的母親並不是克萊恩式的母親的對立。這兩種母親根本上是毫無關係的。克萊恩式的母親，一整個是由全體幻想性投射所構成的，而母親就是這些幻想投射的對象。

溫尼考特自告奮勇指出，這一小塊的自然是重建（reconstruction）的結果。譬如下面這個有點奇怪，甚至淒慘的句子：「沒有哪個母親能百分之百地在幻想中製造出一個完整的、活生生的嬰兒」[n]。這是一個溫尼考特式的概念，既接近又脫節於「平凡地奉獻的母親」的意象：「只需要仔細觀察『原初母性專注狀態』，便足以測度這所謂的『自然』的脆弱性」。不過，這回重點得擺

---

n 〈論母親─胎兒之關係〉（1966），收錄在《害怕崩潰》La crainte de l'effondrement，Paris，Gallimard，2000，p.174

在這個概念當中，認同的那個面向，而非擺在養育之適其性的性質。認同，以其本身而言（認同的能力），尚不足以讓我們走出動物界；動物行為學（勞倫茲）（Lorenz）已充分顯示，像鵝一般的牲畜亦不乏認同。但因為認同是個全然的精神歷程，它讓衝突性有了一個入口，找到一個依著點。溫尼考特因此描述了一個敏感性極高、幾乎到幻覺的程度的狀態，這與下述這點是密不可分的：「母嬰身體之相親是從孕程的最後一段時間一直到出生後初始的一段時間；這個狀態讓母親得以認同於嬰兒所體驗的，而沒有任何其他人能取代她而為之。」溫尼考特指出：「這個有機性的狀態，可以稱得上是一種疾病而非懷孕，或許可以比擬於一種封閉的狀態，或一種解離的狀態，或者一種解離性漫遊（fugue），或甚至是一種更深層的混亂，譬如一次類分裂發作（schizoid episode）」°。若這還不算發瘋的話，那也不遠了。補充一點，安德列·葛林（André Green）將會就這點多加論述，用的詞是「正常母親的瘋狂」（folie maternelle normale），在溫尼考特的描述之上，加重強調母親在這段時刻的全能自戀[p]。

---

o〈原初母性專注狀態〉La préoccupation maternelle primaire（1956），收錄在《從小兒醫學到精神分析》De la pédiatrie à la psychanalyse, Paris，Payot，1969，p.287

p〈熱情與熱情之命運〉Passions et destins des passions，收錄在《Nouvelle Revue de psychanalyse》, n° 21,Paris，Gallimard,1980，p.33.

普遍誘惑（séduction générique）[15] 的理論，不可避免地混合無意識的東西與照顧嬰兒的動作。在這個理論中，值得注意的一個論點亦適用於這個瘋狂的母性專注狀態：「當它沒有發生時，事情會更糟。」然而，當佛洛伊德式的母親誘惑沒燃起該要有的火，結局多半是精神官能性的或性變態的；瘋狂的母性專注若是沒點燃，結局朝向的更多是精神病狀態與**邊緣**狀態。

　　一如所有後設心理學的建構，溫尼考特的觀點也是腹背受敵。我們還記得李維史陀（Lévi-Strauss）如何解構野孩子（l'enfant sauvage）的迷思，此迷思即為「在所有文化印痕形成之前，理解人性之一二是可能的」之幻念。「自然」並非意指人類從中誕生的初始狀態；「自然」這個概念有可能萌芽於新石器時代，其本身即為一文化產物。所謂的社會狀態，也包括與他者的初期關係：「母親與嬰兒的關係」。既然桌子、床、語言有千百種，懷孕、生產、養小孩的方式也就有千百種。懷孕、青春期這些「自然」的時刻，這些身體發生變化的時刻，身體的主人，就算不同意，身體也會勢不可擋地自行變化。這些時刻，完全不會像我們所謂「自然而然」的那樣自然發生，這些時刻構成了對心靈而言最脆弱的兩段時

---

15 譯註：普遍誘惑（séduction généralisée）是拉蒲朗胥的重要主張。從佛洛伊德的「母親愛撫她的嬰兒、抱在懷裡搖、親吻他，完全把他當成完整性對象的替身」出發，拉蒲朗胥主張，在所有的母嬰關係中，都存在著最早的誘惑。

光;有時,心靈沒有其他解決辦法,只得採用最激進的方式:「用不孕抗拒懷孕,用厭食抗拒青春期。」

但是對溫尼考特的攻擊,在我看來,不比發現其觀點之原創與詮釋之豐饒來得重要。溫尼考特氾濫的母親形象或許並非無的放矢,但此形象是爲了抹去、甚至是潛抑他言論中的暴烈。母嬰(若按佛洛伊德的說法,是母子)之間可以存在著一種免於兩難情感的關係,這遠非溫尼考特的想法。相反的,我們該感謝他發展出他稱之爲母親對嬰兒的「客體恨」之概念。我不打算在此細數恨小孩的母親,僅以寥寥數語帶過:「母親恨小孩,因爲這個小孩不是小時候玩扮家家酒的小孩;因爲這個小孩殘酷無情把她視作糞土不如,當作免工資的傭人,當作奴隸;她恨他因爲她理應愛他,愛他、愛他的排泄物,以及所有其他;渡過一個、他鬧得一塌糊塗、恨不得把他丟給惡魔的早晨,她帶他出門,他對著陌生人笑,陌生人說:『啊,他好乖喔!』;她恨他,因爲她知道,如果一開始她少給了他一些,他會讓她付出一輩子的代價;最後,她恨他,因爲他既讓她興奮又給她挫折:『她不能真的吃掉他也不能跟他性交。』[q]」

---

q 〈反移情裡的恨〉La haine dans le contre-transfert(1947), 收錄在《從小兒醫學到精神分析》,op. cit., p. 80-81.

這樣懷著恨的母親，並非一個脫離自然、反自然、去自然的母親，像卑鄙惡劣的後母、晚娘一樣。她就是一個平凡奉獻的母親。母親的恨是最早的恨，遠遠早於嬰兒在精神上有能力投桃報李、以牙還牙之前。在分析情境中辨識出此客體恨的痕跡並非難事：分析師有其他病人、分析師說時間到了、分析師不回應，儘管話是對著他說的、他要人付費、他詮釋、他做他的工作。

一向都是在論述「人類本性」（human nature）的溫尼考特，事實上掩蓋了其方法的獨特性，那是與其經驗不可分的，而其獨特性也正來自於此──他分析有著某些精神病性質、焦慮的病人，那意味著，他的被分析者正是那些**缺乏「自然」**（nature）的病人。我借用他的一個簡短說明。如何理解，小小嬰兒是怎麼來到厭食這種極端的病理結果，甚至弄到有生命危險？溫尼考特說，是因為在這些案例中，口欲之滿足成為一個分離的現象，一種「誘惑」。對嬰兒而言，重要的是不吃東西、逃過誘惑，如此即使他要死了，也可以以獨立的個體而存在'。這時世界是整個翻過來了「如果要重新恢復需要，必須拒絕進食；厭食是為了逃過口欲瘋狂，為了找回自然狀態以抵抗驅力的重擔。」自然狀態並非生命開場就存在的東西，那是一個要達成的目標，有時必須重建、

r 1966年四月十五日給 L. E. Peller 之信，收於《Lettres vives, Paris, Gallimard》，1989, p.213-214

更多時候很有可能是必須靠創造來達成的。自然狀態是分析的標的，而分析是一種環境保護運動，力求藉著建立一個生態系統以拯救一種即將滅絕的物種。

　　阿塔麗（Athalie）可以說是另一個悲劇性的艾甜兒。她厭食，接受分析。她不是在真實生活中厭食，儘管嬰兒時她曾嘗試過。她是在分析情境中厭食。她拒絕我給她的食物；事後，當我察覺到時，厭食已經結束了。她阻擋我的話語的方式是一直講話、不留空間、不留空白，不給我任何可能填補的空間。我只能截斷她的話 —— 或截斷她的胃口 —— 才能說話。阿塔麗：「模模糊糊的，不，應該是很隱晦，或者是混濁的，不，是含糊…」。許久之後，如此一步一步逼近的追尋終於有了意義：「找對個字，那個可以毫釐不差地掌握想法的字，這個遊戲就不至於讓詮釋有機會見縫插針。」但聽不出所以然的分析師仍做著他的工作，嘗試、犯錯，再不然就閒談。「您是詮釋的機器」阿塔麗說。這句話說好幾次，一直是個謎。「機器」，好像是在指責冷漠。冷漠，是一個「與其說是缺席，不如說是人在心不在、養育而不愛的母親」不公開的名字。從另一個機械式的角度，阿塔麗的這句話似乎在拒絕一種自動化的詮釋，雖然我自己並不覺得，我那些少得可憐的介入可以叫做自動化的詮釋。一直要到後

來，當自然狀態被建立起來、當分析會持續存在的信念被不可撼動地培養起來，謎團才會變成故事。一個影像、一個場景帶來了轉圜。她在餐廳跟一個朋友在一起。她朋友想讓她嚐嚐她沒選的那道菜，便把叉子伸向她，直接送入口中。光是想起這個舉動就激起一陣焦慮。無法判斷的分析師很長的一段時間什麼也沒做，只是在咀嚼她到底防衛的是什麼。這種時候並非給一個詮釋——儘管是個中肯的詮釋 —— 就能讓分析贏回自然狀態；要是更進一步，彷彿母親般的主動，那更是徒然。在這種狀況，主動也只是一種代價。如果出現這種情況，溫尼考特建議應質問自身之反移情。在這種時候，能夠讓分析重建出自然狀態的，是治療架構的恆久性、不變動性，其中也包括分析師的心智能力。

孕育著自然，至少讓其成形…阿塔麗治療的一個片段，便是一個有力佐證。

幾個星期以來，阿塔麗只短暫出現在她的分析。面色如土的出現，除了空盪盪的數語什麼也沒說。「我想要走了，」她說。用最大的精簡表達她的絕望。好幾個星期，不論是她或是我都不能給她的消失一個意義，或者給她的受苦一個名字。我們只能眼睜睜地看著痛苦在那裡、看到折磨的強度。分析的線索（在此又是「自然地」借

用編織的隱喻），或者，也是生命的線索，只靠著夢才不至於斷掉。她做夢，灰暗的夢，沒有影像可以轉述，但卻是她還有精神生活的證據。在她身上還有著生命，姑且不說那是她的生命。

我們會想，這種時刻的反移情效應為何？以及，人在面對這種未知時又得承受怎樣的精神脆弱。當常理判斷認為應該介入時，只有瘋子才會等待。路易‧米格‧多明岡（Luis Miguel Dominguin）最偉大的鬥牛士之一，曾就「什麼是他的職業中和未知的關係」如此告訴畢卡索：「對最後持劍鬥牛士而言，在競技場裡，死亡的面積是一平方米。他知道不應該踏進那一平方米，但他不知道他在哪裡。」

數星期後，阿塔麗停止消失，分析恢復流動不盡然跟以往完全一樣。不再是笨拙地找字，但話裡的內容也說不出變動在哪裡。

事情原本可能停留在此，並非荒誕、而是安靜。分析若是開展在自然層次，大概經常就是這樣吧。當移情重複的是從未發生的事情，當移情是讓時間成形、讓空間、情感、感官之證詞成形尤其是觸摸，或許比起其他感官更是如此。對於像阿塔麗這樣的類分裂人格者，觸摸不啻於給她一個極大化的精神暴力，而且顯然與強迫症的觸

摸禁忌大有不同。讓自己可以被字詞觸到，而且完全不是在比喻的層次上讓自己被字詞觸到，或許是一種當分析得朝向自然駛去時，替分析的未知目標找到名字的方式。

於是，事情並沒有停留在此。當意義被揭露的時候，那是一種自戀滿足的來源，且在理想的狀態下對於分析中的兩方皆是如此。但意義揭露的時刻也是一個關鍵時刻，精神上或許偏重的是生命史的面向，但在自然的時間裡，這一切就不見得真的那麼重要。分析可以帶來極為深刻的改變，不論這些改變是否被察覺到。即使是無以名之的改變，也不會就因此減少了它的深刻程度。

某天阿塔麗有個攸關職業生涯的重要約會，這天早晨，為了讓她心安，她父母沒把實情告訴她 —— 一個很親密的朋友，生命已經到了盡頭，阿塔麗去詢問他的狀況，「沒什麼新狀況，一切如舊。」她得到這個答案。隔天，她才知道已然遲了的死訊。她不為父母的欺騙而怨恨他們，她的焦慮走的是另一條路眩暈的路。要把不存在的人的生命歸到什麼時間？沒有任何一個字能定義這二十四小時內的經驗，尤其是它並沒有被經驗到。

她的聯想帶我們回到很久之前，在分析中屢

屢消失的那段時光。在當時，那是一段無邊際的時間，好幾個禮拜呢；現在，卻在日曆上明確了起來：「就是正好兩個月，從二月到四月」。一段少掉了的時期，介於兩個紀念日，其中一個是虛擬的。

平凡母親的瘋狂，最常以下列形式被聽到：「我們不想要你，我們不期待你來，你是一個意外，我想要墮胎的…」一個女性病人想起一個回憶：「某次家族聚會，一個朋友恭賀她母親生了『五個漂亮成功的小孩』」，母親回答，就在她女兒——第四個小孩——的面前：「我本來打算停在第三個小孩的。」聽起來很刺耳但也非不可能，它就是故事的一部份，而故事，我們是可以重寫的。有些其他的母親的瘋狂，不為人知、違反自然，實在是精神工作與分析工作能耐的挑戰。自然該發生的事情，若是沒有發生，並不像真實發生的事件那般具有同等的動力價值，但仍然會帶來創傷——像是不依循生育該有的時間、像是早產縮短了孕期。阿塔麗的消失連結兩個日子：第一個，她的生日，她早產的紀念日；第二個，她應該出生的日子，如果媽媽的肚子能忍受庇護她久一點的話。出生，不只是被驅逐出母體而已。破天荒的，移情重複了沒發生過的事情。分析的瘋狂，等了她兩個月。

如果世界上的人
都長得一模一樣的話
L'empire du même

如果世界上的人都長得一模一樣的話

「最糟的，莫過於有人跟我說我跟我媽越來越像。」

這位在分析中的女性，對母親的印象並非只有負面。的確，母親許多事情會讓她不爽，攪動她的神經，或者惹她生氣，譬如母親熱愛抱怨，或者有些她稱之為「陰險惡毒」的行徑，但她也願意承認母親的才華，譬如母親在繪畫方面的投入，乃至於她對孫子們的耐心，以及充分享受含飴弄孫的樂趣。關於她們之間的敵意，她幾乎可以列出一整個清單說明都表現在哪些地方，但一些溫情的舉動以及偶爾湧現的默契又會讓事情平衡一點。總之，她們之間沒有什麼是超出純粹兩難情感（ambivalence）的範圍，也因此沒有什麼能解釋為何如此痛恨相像。

難以接受的在它方。首先，在這樣一個陳述當中，命運的力量。那是一種把母親的臉硬套在她身上的方式，一張屬於過去的臉，彷彿是她的未來的鏡子。或者，更由於，在這種逃脫不了的感覺中，不管做什麼都不會有用 —— 從母親到女

兒永遠不會節外生枝，只會回到同一個模子。

　　順帶一提，如果考量男性是否也會有相對應的擔憂，要質問的不是「是否男人也會有類似的害怕、害怕長得像父親」，而是以另一種方式令人不安的、害怕與母親的形象越來越一致。**一模一樣**（le même）跟**母親**（la mère）這兩個字，或許在精神的深處享有共同的旨趣。

＊　　　　＊　　　　＊

　　這個講座題目「母與女之間」的靈感，誕生於之前與法蘭斯瓦茲・愛希提耶（Françoise Héritier）[a] 的交流。她所提出的「第二種亂倫」（l'inceste du deuxième type）的理論，讓我們對於重要禁忌（interdit majeur）可以有一種重新思考的可能。李維・史陀所著重的，主要是禁制的正面意義──禁止自家人結婚、迫使聯姻的發生，因而促進社會網絡之形成。愛希提耶則致力於定義禁忌所欲防護的危險：「亂倫，意味著兩個因『血緣』（nature）或因『骨肉相連』（chair）而相似的人，產生了親近的關係，」因此，所有亂倫都會走向「在一人身上集合所有（不祥的）相

---

a　參考〈亂倫與實體〉Inceste et substance，收錄於 Incestes（由賈克・安德烈策劃），PUF，《Petite bibliothèque de psychanalyse》，2001。
　　譯註：法蘭斯瓦茲・愛希提耶，法國人類學家，被視為是李維・史陀的接班人。

似」。最終極不可想的事情，或許可說是「完全一樣的人在性交」。

這所造成的景象，除了親屬關係的狹隘，也是一個社會體受到無分化（indifférenciation）的威脅。極權主義便提供了一幅政治圖像：「一個單一的民族、一個單一的領袖、一個單一的思考、朝向『統攝於一』（l'Un）的運動」歷史的每一次事件都證實了這種運動摧毀之力量。關於「亂倫的」與「極權的」的結合，聖茹斯特[1]（Saint-Just）的思想提供一個很好的例證。當法國大革命時期的國民議會（Convention）把恐怖統治（Terreur）[2]列入法國社會的「會議議程」時，他在祕密筆記中如此寫道：「觀察那些不同民族的風俗與律法吧，那些最腐敗的也總是有著最可怕的亂倫，那些頭腦簡單的民族則壓根不會想到這檔子事。」亂倫是一種屬於革命的遠景。禁止是被禁止的[3]。

禁忌是人類學者的研究對象，而精神分析師的對象是慾望。若循著愛希提耶的提示，或許必須將無意識亂倫動機定義為「合而為一」的慾望。

---

1 譯註：Antoine Louis de Saint-Just，法國大革命期間羅伯斯庇爾派恐怖統治時期的一名要角，是當時國民公會最年輕的成員。之後隨著羅伯斯庇爾一起被送上斷頭台。

2 譯註：法國大革命時期1793－1794之間約一年多的期間，羅伯斯庇爾所代表的革命激進派掌權，開始清除異己──所謂的「革命的敵人」斷頭台成為這段時期的象徵。

3 譯註：禁止是被禁止的，Il est interdit d'interdire. 這是法國68年學運時的著名口號。

愛情裡的「你儂我儂、混作同泥」（ne faire qu'Un）可以說是此慾望之迴響。這種想法不乏支點，且看那麼多的亂倫慾望 —— 儘管不是全部 —— 其目的是在消泯差異：「世代的差異，有時是性別的或更激進一點以精神分裂的模式，消泯掉分別客體與主體的差異。」愛希提耶透過她的見解，將精神分析師帶往被自戀與精神病（la psychose）主宰的亂倫觀。

　　李維・史陀式的命題與愛希提耶的建構，兩者之間的差異是重要的。在《親屬的基本結構》（Structures élémentaires de la parenté）一書的作者[4]筆下，消解聯姻約束的亂倫配對是兄妹／姐弟。而一模一樣的配偶（這是第二種亂倫禁制所針對的對象）則既屬同性戀性質（homos，意指一樣的，le même）也是女性的 —— 兩姊妹，或者更激進點，母與女。為何不是父與子，這個組合也是同性戀性質？因為父與子缺乏自立的可能 —— 在兩人組合之中有一個女性、一個母親，那是必要的，她可以和其中之一交配，而更重要的是，她可以生出另一個。因為母與女的組合中，除了血緣關係與性別相同之外，還可有「一個生出另一個」的意涵。母與女的配對，代表了最大的相似度與最大的集合度，以至於可以維繫著孤雌生

---

4 譯註：《親屬的基本結構》為李維・史陀的博士論文。被視為人類學最重要的親屬研究作品之一。

殖 [5] 的幻想。

　　愛希提耶的論點是否就人類學觀點可資討論尤其是否能成為一種統整、單一的觀點，在此是次要的問題。主要的還是這些論點替精神分析師們所喚起的問題，以及更廣泛地涉及所有介入周產期以及與生育、生育困難相關的精神病理的臨床心理治療者。母與女之間融合／分化的問題，在關於不孕或生產的精神衝突中從不曾缺席過。

　　　　　＊　　　　　＊　　　　　＊

　　若從分析經驗的內部來看事情，首先得放棄可能可以稱之為「母女關係」的標準理論。放諸四海皆準的法則便是：「『模擬兩可』是唯一不會有例外的規則 [6]。」但若是別人徒勞無功地試圖建構出一個理論來，我們倒也無須大加撻伐。

　　最為人熟悉 —— 若不說是今日最被廣泛接受 —— 的取向，是佛洛伊德看此問題的取向。他寫道，只有一個兒子的出生，「才會帶給母親毫無保留的滿足」。要是生的是女孩，那便很容易推衍出母親的失望、幻滅、被騙感。女兒的觀點則完全反照出母親的觀點：「女兒要的也是一個她

---

5 譯註：「孤雌生殖」的原文為 parthénogénèse，其中 parthéno 字首在希臘文中意指處女的。
6 譯註：法文文法裡有個不成文規則 —— 凡有規則，必有例外。

沒有的性器官，女兒也因為沒有這個性器官而自我貶抑。」佛洛伊德沒有把這兩方面的無意識動力劃上關係符號，還真是奇怪。即使我們不把女孩的陰莖妒羨，當作單純的對母親的陰莖妒羨的應答與輪唱，她們之間的同源而形變仍然昭然若揭。

倘若延續佛洛伊德 —— 以及拉岡、葛拉諾夫（Granoff）、沛希耶（Perrier）在《慾望與女性》（Le désir et le féminin）[b] 一書中的評論 —— 所建立的「陰莖與嬰兒之間的象徵性等號」，便自然會得到合其邏輯的結論：用戀物癖的模式來描述屬於母性的意向。其精神就顯露在類似像這樣的一句話中：「我知道我沒有陰莖，但我至少有小孩啊。」

佛洛伊德的觀念，既不值得某些人覺得不得不採取的「捍衛與說明」的態度，也不值得其他人橫加於他的憤慨指責。在像這樣的領域裡，精神分析想要躲過意識形態的漂移、脫離常軌、隨波逐流還挺難的。

在女性的治療中不論我們採取母親或女兒的精神觀點，驗證佛洛伊德觀點的機會不在少數。在母親那方面，想要有個小孩（女孩或男孩）的

---

b 1964年初版。1979年由 Aubier 重新出版。

幻想，負有讓母性陽具計劃（programme phallique maternel）成形的責任；而在女兒那方面，閹割情結通常可以如此一言以蔽之：「我真是徹徹底底的一無是處」。陽具優位，乃是一種幼兒性理論，也就是說它具有幻想的性質。至於這個理論希望別人把它當真，那是屬於幻想固有的主張。

什麼時候辯論的性質會改變呢？便是當我們偷偷地，從幼兒性理論岔到「精神分析」的理論時。陰莖妒羨被描述成整體女性心性特質匯集之處，這當然是可議的，而到現在四分之三個世紀以來，這點也一直不斷被議論著，我們不在此著墨。「一個女兒的可能命運是成為母親的陽具」此一論點，每個分析師都可能從他的臨床案例中舉證，而且還可以附加說明，在這種自戀性的命運裡，所有的有毒物質。說它是自戀的，因為它除了自身沒有其他真正的客體。但這就把母女之間的無意識關鍵點都說盡了嗎？我們可以這樣宣稱嗎？

大概精神分析師要參與任何一場當代的政治辯論、「捍衛性別」的辯論、或說「性別平等」的辯論，都不太容易，如果他想保留唯一給他合法言論的觀點——援引無意識。是什麼構成了性差異？兩種答案，陽具性的以及母性的，但它們在本質上都是簡化性的：「有或沒有／能生或不

能」。兩者結構的等同性相當驚人。在這兩種形象中，沒有任何複數性別的差異而是一種性別造成差異。用幻想對抗幻想，陽具中心論對抗女性中心論。在這種宣告中，被抹去的、被潛抑的是一種性別相對於另一種性別的異己性（altérité）。不管我們能對佛洛伊德的論點提出什麼批評，他的論點至少保留了一點這種異己性的痕跡，因為始終保持著男性與女性不對稱性（dissymétrie）的觀點。指出這一點是重要的，因為它讓二元的邏輯——不管是哪一種，陽具性的或生育性的——還原回「次發性轉化一個精神上無法接受的必要條件[7]」的過程，還原回「把另一個（l'autre）化約為同一個（le même）」的企圖：同屬於有或同屬於沒有。陽具中心論或者女性中心論都是晚期才發生的象徵化過程（symbolisations），它們與知識的過程具有相同性質，它們是兩種將不認識的東西帶回熟識的領域的方式，兩種符合潛抑法則的「將**另一種**性別轉化為單純的否定句」的方式。

如果我們接著把這場辯論轉移到集體表述的場域，以求能開展出各種可能性（而不是急著要下結論了），那麼就是延伸與愛希提耶的討論的

---

7 譯註：必要條件之原文為réquisit，乃一哲學用語，意指：「對於某個事物，心智運作要能得到某個結論所必須具備的所有條件。」譬如萊布尼茲（Leibniz）在《論智慧》（De la sagesse）一書中的某個段落（以下由本書譯者摘譯）：「為了認識某一個東西，必須考慮關於這個東西的所有必要條件，也就是所有有足以把這個東西與另外一個東西區分開來的事物；而這就是我們稱之為定義、自然、相互的屬性。」

時候了。她強調彼此相關連的兩點：「在所有過去或現在的社會中，統治主宰的源頭是歸在男性旗幟之下的。在神話之外，歷史學家或人類學家都沒能找到母權社會（matriarcale）的存在。」這兩點觀察就其本身而言，什麼也沒解釋。即使說它證實了陽具的優位勝過生育的功能，把陽具的優位當作一種政治事實（état politique de fait），但關於底下構成此高下之分的利害關係卻是完全沒觸及到。愛希提耶的詮釋傾向於採取表面現象的相反面，這也是分析師自己熟悉的取徑。愛希提耶說，男性主宰乃是對女性生育能力的抗衡，對女性可以生出一樣的（女生）尤其還有不一樣的（生出男生）的能力的**反擊**（réaction）。這大概就是男性的困境，無論如何都得透過一個女性，一個母親；他們沒有辦法，在他們之間自己生殖——值得注意的，當我們說這是男性的困境時，這意味著我們認為男性也會有孤雌幻想。這種幻想，打從史瑞伯（Schreber）的妄想[8]以來，精神分析師幾乎只在精神病裡發現。所以，母權制度或許並非不存在，而是它總是個潛在的威脅，像是隨時可以把整個男性主宰翻轉過來；這是所有權力防衛著的危險。

佛洛伊德的文章裡，也看得到類似的想法，

---

8 譯註：史瑞伯的主要妄想之一，是轉性為女性，為上帝提供性服務，並由上帝受胎，以產生新品種的人類，讓世界上的新生兒都從史瑞伯所生。

當然不是在《圖騰與禁忌》的主要論點裡，其主要論點是純然父權的，而是他幾次提出的不同稿本。在父親與長子之對峙之外，佛洛伊德開啓了另一條政治路線，是結合母親與最小最受寵的兒子的配對，這導向佛洛伊德稱之為「母權制度」或「女人的統治」的某種攝政狀態。這種統治被男性視為最大的混亂，因此只會存在一小段時間最後被摧毀並潛抑，什麼都不剩，只留下母性崇拜的宗教儀式作為其遺跡。[c]

這些不同的理論建構，讓我們對於所謂的「母權制度」以及底下的幻想，可以保持開放的提問態度。在佛洛伊德這方面，他的定義似乎是：「什麼都沒有，只有母親與兒子」。而人類學家的對象並非幻想，愛希提耶對此沒說什麼。那麼就看看神話吧，希臘神話裡的女戰士（Amazones）[9]在某些當代論述裡亦不難找到迴響。基因複製生殖技術在美國最熱情的捍衛者中，總是可以看得到女同性戀團體的身影，這絕非巧合。女性同性戀與孤雌生殖幻想是成雙成對的：什麼都沒有，只有母親與女兒。

*　　　*　　　*

---

c 關於這些佛洛伊德假設的討論，請參考賈克‧安德烈之《手足相殘的革命》La révolution fratricide，PUF，Bibliothèaue de psychanalyse, 1993

9 譯註：希臘神話中，Amazons 是一個完全由女戰士組成的國度。一年一度，她們會去鄰近的部落與男人性交。生下來的男孩會被殺掉，或丟棄、或送回給父親。女孩則由母親撫養，教授農耕狩獵戰鬥等技術。

「我不確定，是否想要一個**我的**的小孩。」

　　總是會有這樣獨特的時候。一句最普通的話中，冒出令人不預期的東西，最尋常不過、幾乎不會被察覺的東西，突然變成最教人吃驚的東西，簡單的變成陌生的。「一個**我的**的小孩…」最古老的語言習慣也最教人吃驚，或許比一個語誤還更勝；總之，至少是另外一種的吃驚。一個人怎麼能從另一個人生出來？一個怎麼能變成兩個？「誰的」的「的」，這個不起眼的介系詞，裡頭藏著一整個關於起源的奧祕。或許雕塑家亨利‧摩爾（HenryMoore）[10]全部的作品、繪畫、雕塑，都是為了在這個謎題上盤旋打轉：「一個形狀如何能生出另一個形狀，如何從母親變成母親與小孩？」

　　說出這句話的女人，想要一個小孩。挑明了說，她期待的不是別人而是她自己。她實現這個願望的可能性，當然也得看她感情生活的機緣，而其困難度還加上了一層時間緊迫的因素，年紀沒有留下多少空間了。這是她求助分析的動機之一。「想要一個小孩」，這個句子對比起幻想的語言顯得含糊許多；幻想的語言既精準又獨特。她很確定她不想懷孕。面對這個不可避免的階段所產生的焦慮，毋寧是增加願望實現的困難度。

---

10 譯註：Henry Moore (1898-1986)，英國雕塑家。其作品特色為抽象的人體，母與子或躺著的女人。

她要的也不是一個嬰兒，奶著嬰兒的母親的畫面讓她覺得很恐怖。她也不要女兒。

　　她想要的、她想像著的小孩，是已經在蹣跚學步、在牙牙學語的小孩。是個男生──老掉牙的故事了？不，這一次不是出於嬰兒＝陰莖的等式；類似像這樣的詮釋，只是給她機會磕磕牙而已。這個小孩是個男生，因為他不是女生，他跟生他的模子是不一樣的，他不是她，不是她的複製，他是另外一個；這樣就可以有兩個。她堅決的願望在本質上是刪去法的，而這一點根本無助於願望的實現。為了這個小孩，她想要替他找一個父親，這個人也會是播種者；但是同樣地，減法的符號充斥在看起來是加成作用的願望裡。這個被渴望的男性，這位父親不是因為他自己本身而被渴望，他被找來是為了扮演一個保護者的角色，像是為了保證「兩個」不會是孤零零的兩個。不會有變回「一個」的危險。

　　一個，一模一樣，混在一起，未分化…母親與女兒，這樣的一個對子喚起的影像和自戀的呈像相同，於是這便有助於我們從一個議題過渡到另一個議題。女兒（女性）這麼討厭在鏡子裡認出母親的臉，這個效應不會不教人想起佛洛伊德在火車車廂裡奇異而不安的經驗，「發現不預警地進入他的車廂的這個老傢伙，不是別人正是他

自己，被盥洗室的鏡子倒映出來[11]。這個面孔，納西思（Narcisse）的面孔，也是死神的面孔。」

母親、死神，兩張臉的濃縮，安放在第三個匣子[d]中伺機而動。賦予生命的最後也是死亡的象徵。回到子宮、回到媽媽肚子的幻想，或許是「母親的」與「自戀的」這兩種辭彙在意義層次上最深刻的接合點之一，也是滋養這兩種紀事的「慾望」與它們所激起的「焦慮」的接合點。

關於這個幻想，佛洛伊德一直到引入自戀之後才能丈量它的全部尺度。讓自戀的領空與母性的領空連在一起的是睡眠。在構想出這個獨特的、構成自戀的原慾挹注之前，佛洛伊德幾乎不曾思考過睡眠，只把它當作夢的輔助品，它藉由降低「內在精神稽查」的門檻而讓夢得以形成[12]。而自從1914年的引入自戀之後，睡眠獲得了它的精神獨立地位，它成為如海洋般深邃的絕對自戀

---

11 譯註：引自《令人不安的熟悉／陌生》L'étrangeté inquiétante。

d 佛洛伊德，《選匣子的主題》Le motif du choix des coffrets（1913），收錄在 L'inquiétante étrangeté et autres essais, Gallimard, 1985, p. 85。（中文收錄於《論女性》心靈工坊）

譯註：佛洛伊德的這篇文章從莎士比亞的《威尼斯商人》的故事情節開始說起。求婚者必須在三個匣子(金、銀、銅)中選出正確的匣子才能娶得美人。在檢驗過多個有關三姊妹的神話、戲劇創作（李爾王）、童話故事（辛蒂瑞拉）之後，佛洛伊德最後的論點是，匣子是女人的象徵。第三個女兒總是最好的，因為她們安靜。而安靜、靜默無語，在夢中是死亡的象徵。所以，第三個女兒，實際上是死神的化身。佛洛伊德的結語這麼寫著：「或者，她們是一個男人的生命中，母親的三種形象：『母親本身，根據她的形象所選擇的愛人，最後是大地之母又讓他回歸大地。』但是一個老人渴望著女人的愛，像他最早從母親那兒獲得愛，那是徒勞無功的；第三位命運之神，安靜的死亡女神，將會擁他入懷。」

12 譯註：參考《夢的解析》。

的慾望所追求的目標：「睡，就只是睡，讓所有挹注都收回到自己身上；找回出生前 —— 若不說是有生命之前 —— 的涅槃般的狀態。」「睡著，是肉體上重新活化在母親肚子裡的蝸居。」[e]「我們暫時退回到來到人世之前的狀態，回到在母親肚子裡的存在狀態。我們替自己創造了完全類似於那時的情境 —— 溫暖、幽暗、沒有刺激。有些人蜷成一團，睡姿就如在母親肚子一樣。」[f]達到絕對的自戀，和原初母親重逢、合為一體毫無分化，這兩件事其實是一件事。這是兩種回到相同的精神封閉的方式，在這種精神封閉裡，滿足來自於抹除掉意念生活、一場沒有夢的好眠。多麼矛盾，一個幻想只能在幻想生活消失的精神運作中才能實現，它的實現只有在它被抹除的時候。重回生命的初始所要付的代價是精神的死亡。從肚子到墳墓的路途並不長。

在我的經驗裡，沒有哪一個女性的分析，分離焦慮的問題不是導向母親；就算擺在眼前的是和男性的戀愛告終。把分離與第一次的分離 —— 出生 —— 連結起來，這已經成為一種陳腔濫調。但在陳腔濫調之外，語言中隱藏的祕密故事帶來可以當作擔保的東西：「『分離』（séparation）

---

e 佛洛伊德，《後設心理學夢的學說之補充》Complément métapsychologique à la doctrine du rêve, in OCF-P, vol. XIII, PUF, 1994(2 e éd)，p.247.
f 佛洛伊德，第五講，＜困難與初次接觸＞Difficulté et premières approches，收錄於《精神分析引論》Leçon d'introduction à la psychanalyse，OCF-P，PUF，2000，p.86-87

這個字（還有『親屬』（parent）、『初產婦』（primipare）這幾個字）有一部份衍生自 parere 這個字，它意指『讓事物誕生』。」倘若一樣的生出一樣的，要如何我們才可以說服自己，誕生會帶來分離，於是一段新的故事成為可能、於是生命不會只是複製品？在分離焦慮裡頭，儘管表面上看來如此，實際上，令人焦慮的不是分離，而是如果無法分離的話…。

*   *   *

最後的幾個治療時段了。在放暑假之前的最後幾個時段，也是在分析結束之前的最後幾個時段。我們約好了要讓這兩個事件同時發生。她在想，日後她還可以怎麼對我說話，她可以寫信給我嗎？治療已經找到結束的道路，找到分離的可能；帶著這初夏的燦爛陽光、玩笑般的味道，我向她這樣提議：

—— 新年的時候？

—— 不要…應該在母親節的時候。

如果世界上的人都長得一模一樣的話

性差異有所謂？
/性差異無所謂

L'indifférent

陽物也者（Della verga）。「陰莖，它關係著人類智慧，而且有時它本身擁有它自己的智慧；儘管意志渴望激勵它，它仍然頑強抵抗而任意行動，有時沒有男人的許可它也在活動。不管男人是在睡眠中或是醒著，它只聽從它的衝動。有時男人睡了但它醒著，也會發生男人醒了，但它睡著了的事。多少次男人想要用它而它拒絕，多少次它想行動但男人禁止它。所以看起來似乎這個生命體時常有著與男人不同的生命與智慧，而男人若是覺得丟臉、恥於給它起個名字或將它展示出來，那就大錯特錯了。男人總是想要把它蓋起來、掩藏起來，但他應該給它穿金戴銀，像個主祭那樣用盛大的儀式把它展露出來。」

里奧納多·達文西

　　是什麼樣精神分析邏輯的陰謀詭計，讓這個跟無意識一樣變幻莫測，跟初級歷程一樣難以預料的「陽物」，可以變成（如拉岡所言的）「象徵過程的樞紐，讓因為閹割情結而展開的對性別的提問，**在兩個性別身上都可以推至極境**」？只

有想像界（l'imaginaire）¹可以給我們提供答案，因爲想像界急切地想將本屬於「幼兒性理論」（théorie sexuelle infantile）的，制定爲精神分析的理論與辯證法。就看那個叫「小漢斯」（petit Hans）的小孩吧，或者貼切一點，看那個拉美西斯二世（Ramsès）²身上潛藏的幼兒性質（l'infantile）：「高高地站在他的戰車上，主祭般的陽具藉著盛大的排場，在亞力山卓街道上遊行，敬獻活神。」陽具優位是一種幼兒性理論，幼兒般的或說是法老王般的，這兩個字是同義詞。如同所有幻想，「它是否爲真」這個問題，應該是連問都不用問。但同樣的，這也使得精神分析師（現在可成爲羅馬行政官了）的雄心壯志盡失顏色、無憑無據。這種雄心壯志便是以父之名或以閹割律法之名，要來跟我們講述關於愛與家庭的真理。德勒茲（Deleuze）（與關達里（Guattari））在《反伊底帕斯》（L'anti-Œdipe）一書中，所竭力批評的精神分析式的家族主義，並非沒有道理，不過，他們的批評深受當時結構主義的影響。結構主義則企圖在伊底帕斯問題體系中建立出秩序來。

　　眼下關於性生活的各種模式、家庭結構的方

---

1 譯註：拉岡的論述整個圍繞在三個精神界：l'imaginaire（想像界）、le réel（現實界）、le symbolique（象徵界）。可以說拉岡是透過這三個概念來檢視佛洛伊德的後設心理學。

2 譯註：拉美西斯二世（Ramsès）（西元前1303-1213），埃及極盛期的法老，軍事上有多次遠征，熱愛興建龐大土木工程，到處的神殿、器物、雕像都被刻上他的名字（連前代法老興建的建物也不例外），有一個龐大的後宮，也企圖融合轄下境內的多種宗教而制定出他統治時期的宗教崇拜儀式。

式、或是科學與醫學技術進展（甚至最後可能可以透過基因複製生殖技術而達成無性生殖）所能提供的各種可能性，這些所帶來的諸般混亂，尤其容易讓人犯下以下這種錯誤：「堅守『精神分析真理』以至於精神分析成為一種意識形態的觀點」。然而，我們也得承認，在任何年代都會出現這些不受歡迎的思想偏移，精神分析也有它的年代；要找出佛洛伊德論述中，帶有他那個年代的陳舊思惟的段落並非難事——許多人都致力於此。我們只要開口說話，而且說的話被暴露在公共空間，就會有遇到陷阱的危險，而且沒有人能自以為不受這陷阱的威脅。什麼陷阱？要不就是把自己的慾望當作真實，要不就是沒有認清某個特殊幻想位置（或防衛位置），因而把此幻想當作普世的真理。這種困難並非情境性的，它源自於事物的本身——精神分析的論述想要從它的「壞朋友處」安然脫身，那是不可能的——時常造訪無意識，要不學壞也很難。但這不構成不去嘗試的理由。我們還是要說，而且我們還可能把說的寫下來。

因為精神分析是一個社會性的實作，它的歷史就注定得面臨共同命運：「誕生、發展、衰退、死亡」。當然這件事越晚發生越好。時間造成的相對主義，有可能會讓精神分析的整個基礎或是某些內容、某些思想消失嗎？精神分析是否能

期待逃過時間的蝕損？理論的發展彷彿早就在預防著這種災難，所以斷言初級歷程的無時間性——如此一來便駁斥了康德，因為康德認為時間是思考的一個必要形式。「我們從經驗得知，」佛洛伊德寫道：「無意識的精神歷程本身是無時間性的。它們並非按照時間排序，時間也無法改變它們，我們無法將時間表徵（représentation du temps）應用在它們身上。」

佛洛伊德的這條信念 —— 它本身也是「無時間性的」：這份信念始終如一，貫穿他的全部作品 —— 可以從多個觀點來分析。我只討論其中之一，是最能跟今日的主題呼應的：「性是否有差異？還是一切無關乎性？」歷史學家指出 —— 在這裡指的是湯瑪斯・拉喀爾（Thomas Laqueur），他的著作《 做「性」》（La fabrique du sexe）ª是近年來關於這個主題最重要作品之一：十八世紀發生的顛覆性運動，從一個「單一性別主宰」的表述（「女性的子宮充其量不過是男性陰莖與陰囊的內翻反轉」），一百八十度轉變成性別對立的強勢主張：「女人不再是『一條無止境分級的垂直軸上縮小版的男人』，而是『沿著一條水平軸向上完全不同的生物，在這條水平軸上，中間地帶大部分是空的』ᵇ。」

---

a La fabrique du sexe, Paris, Gallimard, 1992
b Ibid., p.169.

身處在一個「同時也被社會決定的論述圈」
裡，卻試圖找出當時主流的集體表述，這是歷史
學家的工作 —— 或人類學家或社會學家的工作，
而非精神分析師的。一來，因為分析師思考的泉
源，首先是個體的，其次才是集體的。再者，也
是更基本的問題，因為我們共同的研究對象「性
特質」，表面上具有相似性，但實際上隱藏了一
個關鍵差異。成人的性生活是人文科學的研究對
象，而精神分析師的對象則是幼兒式的性（le
sexuel infantile）。幼兒式的性，而非幼兒的性特
質（sexualité des enfants）—— 關於後者，在現代
社會中也不再有什麼可以阻撓社會學家去剖析幼
兒的性特質。

　　在這些思考性特質的專家當中，其中一部份
人、尤其是歷史學家，對他們而言，成人、性、
與生殖器構成一組不可分離的三重奏；而精神分
析師們 —— 一旦由生殖器官所拉出來的定義被拋
棄了之後 —— 卻已經**不再知道**「性」的意義是什
麼，並且一方面把他們的無知變成他們研究的對
象 —— 無意識。另一方面，十分矛盾地，這種無
知也變成他們操作的場域：「**什麼都知道**的分析
師也就不再聆聽了」。今日，一段紮紮實實、也
帶來精神變化的分析，可以幾乎不曾觸及到病人
的（生殖器的）性生活。幻想、症狀、以及其他
無意識的產物，都可以見證性的幼兒性質

（infantilisme du sexuel），而這種幼兒性質，便是精神分析所欲尋找的無時間性，在這種無時間性之上，才可建立出精神分析的恆久希望。

這種「人的科學」與精神分析之研究對象之間的差異並不至於會讓精神分析與「人的科學」無法對話 —— 蜜雪兒・珮侯（Michelle Perrot）的文章便是明證[3] —— 但也不排除造成混淆的可能。精神分析師閱讀關於性特質的歷史著作的首要興趣之一在於，發現那些隨著時代、隨著文化改變的主流人物，其實離他日常經驗裡面對的那些幻想，相去不遠。譬如，西元二世紀帕加馬[4]（Pergame）地方的大醫學家蓋倫（Galien）的「科學」信念，認為陰道是中空的陰莖，就像手套一樣反折過去，這種表述幾個世紀以來一直被當成醫學知識。今天，所有人都**知道**，陰道不是長在裡面的陰莖。但儘管如此…你大可以是個醫生，甚至是個婦產科醫生，但還是夢到這兩個是一樣的，才發現專業化的見解（道路）仍是（相對而言）難以穿透。

另一位大醫學家帕黑（Ambroise Paré），作為文藝復興時期醫學的代表，主張男性與女性同時高潮是好的受孕的最佳條件。到今天，我們都**知**

---

3 譯註：參考〈歷史中的性差異〉L'indifférence des sexes dans l'Histoire 收錄在《性差異無所謂？》Les sexes indifférents, Paris, PUF. 2005
4 譯註：小亞細亞地名，位於今日土耳其西境。

道⋯但是[c]。你大可以是個現代婦女，知道一切有關性的奧祕，但還是違反你所有的理性，堅持你的伴侶的早洩是他不孕的原因。

某種性表述的流行會有時間性與空間性（在某個文化地域內），但是它底下的幻想則不然。誠然，無意識的無時間性並非屬於精神分析的，但精神分析還是有可能可以從中獲得一些助益。

對話之後，便是混淆。一旦精神分析師開始理論化，他就創造出一種普遍性，這是危險的，這種危險也是蓋倫、帕黑 ── 或者今日任何一個科學家 ── 所冒的危險，一種指鹿為馬的危險。《性學三論》（Trois essais sur la théorie sexuelle）這本書的法文書名取得很有道理，或許連作者本人都始料未及：「三篇**關於性理論**的論文，而非『性特質的理論』（sur la théorie de la sexualité）。」所以，佛洛伊德在書中寫道：「原慾（libido）的展現，不論是在男性或是女性身上，其本質都是雄性的。這種現象，合乎於自然法則的規律。」一方面，這句話具備了蓋倫的精神，它甚至連一個標點符號都不用更動，就像是蓋倫會說的話。另一方面，這就是幼兒的主張，或說是幼兒式的主張。幼兒（式）的言談受著陽具的支配 ── 如

---

c 「我知道啊，但是⋯」je sais bien mais quand même：這種句型（Octave Mannoni 特別強調）意謂著普遍的無意識分裂。沒有任何道理只把這種句型保留給戀物癖（我知道女人沒有陰莖，但 ── 她有蕾絲長襪啊！）

性差異有所謂？/性差異無所謂 105

果我再用「陽具優位」來補充說明，那就是畫蛇添足了。

　　無意識無所謂時空，不因時空風俗而異⋯這句話既是對的也是錯的。不過，對跟錯不是在同樣的地方。時至今日，還是會有女性來找精神分析師，但並不知道她期待於精神分析的，其實是讓自己可以開始一段同性戀情，儘管人情風俗已經經過如此劇烈的改變。早期有道理的話：「任何分析沒有處理到無意識同性戀特質，就不能說已經結束了」，現在已經不流行了。這並不是說這個問題，現在已經像蛻掉的皮一樣沒用了；總是會有某些人的分析是讓這個主題重新活化起來的。但是問題是，同性戀特質的普遍性已經過時了，而且正是由於集體表述的改變：同性戀性特質一詞始自十九世紀中葉；比佛洛伊德早誕生了一些時候，出生地便是王爾德（Oscar Wilde）的故鄉。今日，一個天主教鄉下大戶人家的小孩，可以大方地宣佈出櫃（coming out）──同性戀特質（同志 (gay)）所用的符徵還保留了母性的語言的痕跡──雖然這個舉動仍然會造成家族的撕裂，但是其嚴重度並不比二十世紀初要求戀愛結婚、拒絕利益聯姻來得嚴重。但是，就算是出櫃了，還是可能得來尋求分析，因為沒有任何事情、沒有任何「解放」能讓人擺脫精神衝突的羈絆。今日，人們不再受苦於尷尬的性取向問題，卻是苦

於愛人背叛時的崩潰。「愛上一個人的時候，也就是一個人最脆弱、最不受保護的時候；而失去愛的客體或者失去愛人的時候，也就是一個人最不幸、最悲痛的時候。」佛洛伊德在《文明及其不滿》中如此寫道。解放的運動拓展到哪裡，哪裡就是焦慮新征服的領土。[d]

因為無論如何都得承擔「理論必然隱含的普遍性」的風險，我們就不妨大膽地主張「**並不存在精神衝突的社會療法**」。這大概就是永恆的真理吧，不因時而異，在精神分析誕生之前如此，在精神分析誕生之後亦然。至於衝突的**語彙**，當然關係著當下社會的各式現象，用著主流的語言表達。衝突，如夢一般，日間的高低起伏是它的材料。

現在流行的辯論題目：「 性差異、性別差異」，這些當然會引起精神分析師的興趣，但無論如何，它者性（altérité） —— 在此指的是無意識怪異、令人不安的它者性 —— 比差異（différence）更能構成無意識對象的獨特性。任何差異都具有組織出精神結構的能力，無論差異的點駐紮在哪一個領域。羅馬人在主動性／被動性之間匍匐前

---

d 這應是佛洛伊德從克萊恩處習得的真理：「壓抑」與「無意識」之間的關係並非單純的比例關係。內在禁令的暴力，正因為家庭／社會規範看似舉重若輕，而更加暴烈無情。我們替自己設下的禁令，與我們得順從的外在禁令，彼此是沒有交疊的。

進 —— 這點可以參考保羅·菲恩（Paul Veyne）[5]
的著作。而維多莉亞時代的英國人發明了同性戀
／異性戀的組合。而今天…今天，事情還有點模
糊。人類學家、社會學家花許多力氣想把事情看
清楚。精神分析師還沒感覺到有什麼急迫性，即
使無時間性其實不屬於他。

---

5 譯註：保羅·菲恩是法國當代考古歷史學家，專精古羅馬史。

和身體
搏鬥的女性特質
La féminité aux prises du corps

1898年佛洛伊德寫道：「如果我們想要透過病人來說服自己，看看他們的官能症是否確實和性生活有關係，那便無法避免要詢問病人關於他們性生活的事情，也無法避免要有所堅持，才能獲得足夠清楚並符合真實情況的說明。…如此一來，我們就會知道關於人類性生活的所有各種情況，這不但足以寫成一本真正有用且有啓發性的書，也會讓我們不由得感嘆：『就各方面而言，這個年代還把性科學視為無恥的學問』。」這個有百年以上歷史的句子，到今天已經是過氣得可笑了。在電視播放真人實境秀的年代，無恥只是一個遙遠的回憶。精神分析誕生於一個將性特質歇斯底里化的年代。而我們的年代是一個將性特質不斷展示的年代。我們的實務與理論所賴以建立的基礎，如今還剩下什麼？

　　蘿拉（Laura）是我正在治療的年輕女性。她身處媒體的世界，和這個世界的人一起過著晝伏夜出的生活。她可以毫無難色地提到那些去交換伴侶俱樂部的經驗——即使她比較喜歡的是那裡的氣氛，而非那裡悽慘陰森的密室。另外，當她

a 引自佛洛伊德法文版全集（OCF），III，PUF，222-224

講到曾有過的兩次賣淫的場景時，用的大概也是差不多的語調。一次是在一個專門的時髦酒吧，另一次是在一家巴黎大飯店的沙龍。這些都是很「流行」的事兒，甚至用「流行」來形容都還有點乏力。這些性行為對照於十九世紀的性行為，其新奇性自然是不在話下。儘管《青樓怨婦》（Belle de jour）[b]或佛洛伊德稱為「愛情藝術家」的，並不完全是個新鮮的角色。蘿拉不是瑪麗·波拿巴特（Marie Bonaparte）[1]，性冷感或者她的性生活（至少就這個詞的日常意義而言），都不是推動她前進的動力。但是，拉近這兩個女人的，難道不比分別她們的更為有力？即使表面上可以看起來在性方面完全「解放」，蘿拉也並沒有少承受一點精神衝突，它們仍然羈絆著她，把她捲進重複的命運裡。她的父親是個知名人物，但他不承認她。而她的母親是那種大家會去跟她交往但從不會娶回家的女人。讓她今天來找精神分析的，是因為她發現這種「情婦」的地位也威脅到她了，她愛的男人不管是誰，總是已經另有正室了。她向來只能當次要的。

在今日的性生活與亙古以來的性特質之間要

---

b 凱薩爾（Kessel）小說的女主角。布紐爾（Luis Bunnel）曾將此小說拍成電影。

1 譯註：瑪麗·波拿巴特是法國最早期的分析師之一，與佛洛伊德相交甚密，曾協助佛洛伊德逃離納粹統治。她本人患有性冷感，為此她進行科學研究，曾在醫學期刊上發表她的性冷感理論。研究了兩百多位婦女的性器官與性史之後，她認為，陰蒂與陰道的距離過長會造成女性無法達到高潮。基於這個理論，她請當時一位婦產科醫師替她動手術，移近陰蒂與陰道的距離。後來她又為了同樣問題求助於佛洛伊德。

怎麼酌量？我想從一個雙重線索來著手；第一重是時間性的，從歷史與文化變異的軌跡。第二重是無時間性的，從無意識內容的交纏來著手。之所以選擇以這樣的取徑來思索女性性特質、女性的性生活，乃因歷史賦予我們正當性，因為在所有已知的社會裡，不管是古代的或現代的，權力都被視為是陽具性的，女性的性地位比之於男性都較為順服，經歷的變化幅度也較大。不過，這種觀察仍然是人類學觀點，而非分析觀點；我們知道，從人類在社會行為上的性自由到人類內在的精神自由，要跨出的不只一步。

＊　　　＊　　　＊

吉爾伽美什史詩（L'épopée de Gilgames）是目前已知最古老的文學作品。這篇巴比倫語的長詩距離我們三千五百年之久。史詩中有一個角色，女神伊娜娜（Inanna）嘆道：「我的外陰啊，我豐滿的小丘／誰會來幫我犁丘？我的、我的外陰，女中之王，我盡溼的土地／誰來上頭犁田哪？」

再看看另一個文本，很晚才被歸到聖經的一部份的傳道書（l'Ecclésiaste），本身也是一部很古的文字了，與吉爾伽美什史詩同屬同一個文化土壤，也就是地中海東側。裡頭有這樣的一段：

女人，我覺得她們比死亡還苦澀，

因爲女人是陷阱，

她的臂膀是鎖鏈，

神的面前，善的人可以逃過女人的手掌，

但有罪的人將被女人緊緊抓牢。（VII, 26）

這篇猶太的文本語氣沈重，看來似乎完全對立於前面那篇愉快自由的巴比倫詩。不過，有個東西倒是可以把這兩段文字打從深處結合在一起的：「女人，妳的性太過份了」，這幾乎是一想到女人的性特質就必然會浮現的意象。一篇是歌頌這種誇大、過分、強烈的女性性特質，在另一篇裡，這種過分極端就招來辱罵、遭眾人唾棄。但無論如何，它們在描述的，都是一種過度的女人性特質。

最近，都還有一位人類學家高德里耶（Maurice Godelier）發展出一個論點，倡議他稱之爲「犧牲性特質」（sacrifice de la sexualité）的現象，乃與社會體的建立（及社會體的繁衍）息息相關。他的想法受到佛洛伊德的啓發很大，他認爲人類性特質裡有些東西，最後與社會體的**繁衍**不相容，導致性特質被撇在一旁，也就是被潛抑。

「繁衍」，這真是一個關鍵的字。環宇百科全書[2]上關於「繁衍」的條目有這麼幾行字：「對

---

2 譯註：環宇百科全書（Encyclopaedia universalis）是當代法國知識性百科全書。

所有的哺乳類，『雌性的性活動與十分精細的內分泌平衡有著極為密切的關係。在發情期這種生理條件之外，在雌性身上觀察不到任何性行為』」（vol. 14. p. 932）有必要加上這麼一句話：「所有的哺乳類雌性，除了女人以外。」女人的性興奮並不比男性受到更多自然週期節率的調控。更進一步說，女人的性興奮並不受限於某個特定的節率。

人類性特質的第一個特點便是和生育的終極目的分割，這根本就是將本能與其目標去自然化（dénaturation）或說是去特性化（disqualification）。但是因為女性／母親會生小孩，「自然」與「文化」的衝突性對女性有一個更強烈的效應與迫切性，是男性所不會經驗到的。

精神分析的發現，雙重地轉移了性特質的一般意義：「一方面分割『性的』與『生殖器的』（génital），二方面是把『性的』根植於幼年，更精確的說是根植於『幼兒式的』，因為，幼兒式性特質（la sexualité infantile）和幼兒的性特質（la sexualité de l'enfant）是不應該混在一起的。」如果，可以只從一個性別對另一個性別難以抗拒的吸引力開始描述性生活，事情顯然就容易多了。但天不從人願，客體選擇的多樣性（尤其是同性戀性的客體選擇）提醒著我們事情並非如此。佛

洛伊德所發明的，構成分析經驗核心的所謂的「幼兒式性特質」，並非一種作為「生殖器官性特質（sexualité génitale）的前戲」般的性特質，而被用來描述此種性特質的這個字眼：「前生殖器」（pré-génital），這個詞完全無法令人滿意；前戲性的性特質最後會消融於生殖器官的性特質。「幼兒式性特質」並非「生殖器官的性特質」的引子、並非它的第一階段、並非它過於早熟的草圖；「幼兒式性特質」並非未成熟的性特質，而是另一種性特質，從未被「同化」，它永遠是那麼陌生、那麼驚悚、那麼令人熱血沸騰。「生殖器官的性特質」有它的目標，「幼兒式性特質」則是多形性的，它有慾望，也可以說它不知道它要什麼，因此，終極而言，它**沒有目的、沒有盡頭**（sans fin）。

失去了本能性的目標，亦即生殖，人類性特質也就同時失去了其社會性目標：「社會體的繁衍」。不難理解當中有著對社會本質的威脅，也就必然招來規範的設置（禁制與義務、親屬關係的結構化），無論在哪個年代或哪個文化皆然。

在這樣的繁衍目的中，女性或母親的角色是**純然子宮性的**。所有超過這個目的性的女性性特質會成為潛抑的對象，而且它所遇到的鎮壓程度是男性性特質決不會遇到的，這並不令人意外。

把女人化簡成母親，當然並非「反動」統治的專長，雖然反動政權把這種簡化的運動發揮到誇張的程度——請不要忘記，發明母親節的正是二次大戰時的維琪政權與其元首貝當元帥。

*　　　*　　　*

多元文化與女性性特質之潛抑，這兩件事該怎麼放在一起思考？當文化與歷史的多元性呈現出極端之勢，我們還可以堅持某種普世性嗎？人類學家馬凌諾斯基（Malinowsky）所描述的初布連群島（îles Trobriand）[3]上享有婚前性自由的年輕女性，與非洲部落社會裡被割掉陰蒂、很早婚的年輕女孩，兩者之間會有什麼關連嗎？

時間上的差異與空間上的差異一樣可觀。十九世紀的歐洲年輕婦女，要到新婚的晚上才會認識到男性的勃起，與今日西方所謂的「解放了」的年輕女性，兩者又有什麼關連？處女禁忌的演變大概最適合拿來呈現所謂的「演變」的驚人性質；這個禁忌在那麼短的時間內就被歸到落伍的思想裡去，而不久以前它還宰制著人類思惟呢！今天，一個十九歲的女孩，可能因為想到若二十歲時還是處女覺得很丟臉，而來找精神分析師，

---

3 譯註：初布連群島為巴布亞紐幾內亞（地處澳洲北側）極東端領土。二十世紀初期因為重要人類學家馬凌諾斯在此群島進行長期人類學研究而為世人所知。

她希望能被解放，擺脫妨礙她付諸行動的東西。這是我不久之前遇到的狀況。

面對這些問題，相對於歷史學家、社會學家人類學家或者任何思考女性性特質的**社會表現**、其演變或其轉化的學者，精神分析師處在一個獨特的位置上。因為分析師的對象是無意識。

佛洛伊德關於女性性特質最早所發展出來的精神分析概念，乃是他那個時代的產物。十九世紀末、二十世紀初，那是潛抑的年代。人們很樂意談中世紀的蒙昧，卻忘記關於女性問題最野蠻的世紀之一才剛過去不久。十九世紀的歐洲醫學發明了束腹帶（ceintures de contention），以防止年輕女孩自己「動手」—— 有時，如果不用硝酸銀燒灼外陰壁，那就會用切陰蒂術。

對照一下「現代婦女」的形象吧。對當代的女性來說，性滿足就跟慢跑、健身一樣是屬於必要的身體衛生。十九世紀的歇斯底里年輕女孩看到今天這幅景象，大概就得作出昏倒之勢。在什麼情況下精神分析師可以繼續堅持相同的立場，堅持性的潛抑，甚至是把「女性的」當作是「潛抑的」，當作是典型被拒絕的元素？一般稱為「性解放」或「性革命」的主要都是針對女性的用語。這種解放的跡象，很容易被標示出來：「處

女禁忌成爲落伍思想、區分性生活與婚姻生活變成普遍的態度、性生活的時間延長，往前推向青春期，往後推向更年期後、女性開始可以在性交中採取前位（危險性是可能會『碰』到男性陽痿——司湯達爾(Stendhal)[4]早在精神分析之前就知道這點）、還有，最關鍵的一點：『性生活與懷孕的危險不再有關連，這歸功於避孕以及墮胎的合法化』。」

精神分析師當然也觀察到，這些關於性特質的各種社會表象的劇烈變化以及相對應的行爲變化。但是，用無意識來衡量，也就是考慮慾望不被接受、被潛抑的部份，考慮禁制盲目的、超我性的威力，這種劇烈變化的感受會被「事物在重複」的印象所取代。如果不說是一模一樣的東西一直在那裡，那也是相同的東西又再度回返。十九世紀的主流道德教化專橫地向女人頒佈這項命令：「工作、存錢、放棄肉慾！」今日則有同樣不容置疑的祈使句，藉由女性雜誌傳達：「要快樂，要寵愛自己，總之，享樂[5]吧！」在這兩種命令之間，瑪格麗特・米德（ Margaret Mead ）[6]帶著幽默註解道：「前一種命令至少具有可能實現的優點。」

---

4 譯註：司湯達爾（1783-1842），19世紀初期法國重要作家，擅長描寫當時社會風俗道德教化。著名作品如《紅與黑》。

5 譯註：jouir一字，主要意爲享樂、喜悅，在口語裡亦有達到性高潮之意。

6 譯註：瑪格麗特・米德（1901-1978），美國重要文化人類學家，以《三個原始部落的性別與氣質》（1935）一書奠定性別的文化決定論。

無意識禁制的力量也就是超我的組成，乃是經由雙親禁令的內化，至少其中一個面向的組成是如此。而雙親禁令本身又是社會禁令的映照，因此必須等待社會禁令的鬆解，才可能平息超我的暴政。分析師的臨床觀察不斷顯示著，人們距離這種境界還很遙遠呢！「妳會有陰道高潮的！就算現在沒有，去看看高潮診所（ Clinique de l'orgasme ）[7] 還是有機會的。」這種「 解放式 」的祈使句，與過去在新婚之夜才發現男性性器官的經驗，在精神層面或許是一樣代價慘烈！時下年輕少男少女面對他們所擁有的自由時，所呈現的驚惶不安，便是最實在的明證。抱怨的字眼或許有所改變，但終究，女人性特質的衝突性在今日並不比過去少。

　　從近幾十年關於性特質之表現的劇烈變化，所能得到的精神分析教訓是，並不存在精神衝突的**社會療法**。「性解放」在任何情況之下都不等於潛抑的移除，也不會帶來無意識哪怕是一丁點的消失。女性仍然在抱怨她們有的東西，欲望著她們沒有的東西，在描述著蛇的故事或老鼠的故事，帶著跟過去一樣曖昧的驚恐，並且把她們面對原慾時的焦慮轉換成各式各樣的身體不適。專門處理健康問題的雜誌總是以女性作為它們的最大讀者群，這種現象又該如何理解？

---

7 美國兩位性學家威廉‧馬司特（William Masters）與維吉妮亞‧強森（Virginia Johnson）所創建的機構。

精神分析師中有人會認為女性性冷感是一個在消失中的症狀嗎？就連說發生率在下降都成問題。岔句題外話，說女性性冷感在消失，大概就跟說另一頭的男性心因性性無能在消失是一樣。今日，無意識製造的暴烈性跟過去並無分殊。當然，性生活的改變仍舊帶來新型態的抱怨。譬如年輕女性擔憂著她的自由會不會到頭來變成一段漂泊的旅程，永遠找不到對象 —— 見證這歷史時刻的是為數眾多的女性到了三八、四十的年紀，因為還沒找到一個可靠的、會讓她想跟他生小孩的伴侶，而來尋求精神分析。而性活動會變成成癮性的、消費性的，跟暴食有著完全一樣的模式這當然是受到這個世紀的推波助瀾所產生的變異症狀。總之，時下所擁有的性生活的自由，並不等值於精神生活的自由，精神生活並無可免於焦慮的自由以及免於可能伴隨焦慮而生之諸多症狀的自由。

　　前述的雙重線索 —— 一重是歷史與文化，另一重是無意識。我們可以試著從三組自古以來的意象來追尋並說明這雙重線索。這三組意象讓女性身體從不同的切入點被檢驗：

・女性被視為低男性一等而必須服從
・母親與女性的互相交纏
・關於誇大、過度的女性性特質的神話，
　或說是幻想

低人一等而且逆來順受

「女性在各方面都低男性一等。同時她也應該服從，不是說她該被強迫，而是應該被指揮，因爲上帝把權力給了男人。」這段話出自約瑟夫（Flavius Josèphe）[8]，時間是基督紀元的第一世紀——而這只是許許多多其他類似主張當中的一小段話。性行爲這件事當然必須順應宇宙的秩序：「女人躺著，而男人在她的上面。」這是教會唯一許可的姿勢。如果女人幻想佔據丈夫的位置（女人在男人的上面），那就敗壞了自然規律了。

女性低劣的主題在西方的傳統中不勝枚數，我只講兩種：第一種是把低劣與不完美相連。第二種是低劣與下體的關連。

亞里斯多德不只一次，帶著絕對信仰的口吻重複地強調：「雌者是殘缺了的雄者。」女人是次等、低劣於男性的生物，在理性、美德方面，她們不是根據神的形象創造出來的。本質上的瑕疵使得女人在聖經中，只能是湊出來的補丁：「女人是男人多出來的一塊骨頭。」波舒維（Bossuet）[9]如是說。這段就歷史而言已屬過時的言論，人們說是因爲無知。但是，驚人的是到今天

---

8 譯註：約瑟夫（37-100）是西元一世紀重要的猶太歷史學家，其作品是同時代的歷史著作中唯一一留存後世的，最重要的貢獻之一是見證並記錄了耶路撒冷被冷馬攻佔摧毀的前後歷史。著有《猶太戰史》《猶太古史》等書。

9 譯註：波舒維（Jacques-Bénigne Bossuet），十七世紀法國主教與神學家。

我們還能找到它的遺跡，只是被理性科學的新觀念改了一番風貌。譬如，帕黑（Ambroise Paré）[10]同意，長期以來作為主流的胚胎學論點，亦即「女性比男性晚生成」。今日，我們知道外生殖器在性別還沒分化前是以女性器官為藍圖（不管性別染色體為男或是為女；必須仰賴雄性素的作用才能讓胎兒女性性器官的外觀分化出男性的性器官）。但這還不足以讓科學論述的雄性信仰啞口無言，醫學期刊上的一角會出現這樣的句子：「因此男性的分化階段高於女性的」。無意識擁有醫學知識所不知道的理由，那也正是所有從「意識形態」出發處理這些問題的方法所欠缺的。

亞當與夏娃的對立，就像文化（la culture）與自然（la nature）的對立、精神與肉體的對立、靈性與感官的對立。同樣的東西在西方文化之外也是隨處可見——布吉納‧法索（Burkina-Faso）[11]境內的沙摩人（Samo）認為，「男人跟女人的對立，就像村落與荒漠的對立」。佛洛伊德在這件事情上，他男性的身分不亞於他精神分析師的身分，他用他的方式支持著這種老祖宗流傳下來、跨文化的觀點——從母親轉移到父親的過程，標示了「精神生活相對於感官生活的勝利，因為母親的身分是由感官確認的，而父親的身分是推測

---

10 譯註：Ambroise Paré (1510-1590) 法國著名醫學家，被喻為是現代外科之父。
11 譯註：西非內陸國。舊為法國殖民地。

來的，是建立在演繹與假設之上。」他如此寫道。

從另外一個角度，女性的「低劣」更直接明白地在性事上頭找到源頭。聖奧古斯丁（Saint Augustin）說：「我們是在屎尿中誕生的」。這句話，佛洛伊德在專門講**貶抑**——男性對女性的貶抑——的文章中有提到。他在這篇文章中分析男性常見的柔情與激情的分裂；這種分裂應用在客體上，就是分成配偶與情婦，或者更廣泛地說，分成跟她生小孩的人與跟她（在現實中或想像中）實現性生活的人。第二種，也就是情婦，在許多方面都比較低劣，因為她通常都屬於一個較低下的社會階級，更因為她的身體在性交中、在她的男人的幻想中佔據了一個被貶抑的位置：「**從後面上（a tergo）**」。

所謂的女性的「低劣」，其最食古不化的源頭乃是男性的無意識，更精確點說是他們的亂倫原慾。佛洛伊德不用費多大工夫就可以呈現出，在被貶抑的女性背後藏著一個相反的角色、最被**敬重**的愛的客體——母親。

但是女性的無意識對此不是沒有貢獻，儘管那不會是男性無意識的純粹的複製品。當然，重要的是，我們不要把範疇搞混了、或是把精神層次搞混了。不乏在企業內擔任管理階級的女性、

為女性平等與政治均等而戰，拒絕成為董事會裡倒咖啡的那個人，但與男友的性愛，只有在陰森幽暗的旅館裡才能得到滿足，就因為那實現了她的賣淫幻想。

瑪蒂（Mathilde）是個現代婦女了，她有著知性的職業，在職場上十分注意任何形式的權力濫用，尤其是當始作俑者是男性時。讓她來找分析師的動機之一、她渴望能改變的是她的陰道性冷感，陰莖插入時幾乎沒有什麼快感 —— 她唯一有強烈感覺的插入都是肛交，以及就算靠著多種輔助技術，她也無法和伴侶生小孩。就在來會談之前，她在路上與一對迷人的情侶錯身而過，年輕女孩的手溫柔地放在情人的腰間。她接著就被這個混雜著輕蔑與興奮的想法、影像所糾纏：「當我想到，同樣的這個人，待會就會像一條小母狗一樣，在那裡又舔又叫的。」

幻想的定義：「創造出想像世界，讓自我能從現實逃脫」。不管我們做什麼，不管一百多年來精神分析寫出了什麼，阿密耶勒（ Amiel ）[12] 在他的《日記》裡所提出的定義十分貼切於這個字以及這件事情。但瑪蒂違反了這個字如此安詳的定義，她把精神現實裡的野蠻全都搬進了**現實**。

---

12 譯註：Henri-Frédéric Amiel（1821-1881）為瑞士籍哲學家、詩人、評論家。死後出版的《日記》是19世紀末20世紀初重要的文學作品，影響那個時代的一些作家。

邢種野蠻是印在肉體上的幻想，穿透所有組織，造成性源帶（les zones érogènes）[13]如傳染病原體一般的逐漸擴張——尤其擴張到各個身體孔洞。幻想並不連接著現實，它並不從現實脫逃。它讓現實變形，它的野蠻成為現實的真理，因為總是從象徵化作用來看待幻想，總是熱切期待幻想會在貧乏的內容中浮現，我們都忘了幻想太豐富的結果。它也可以是很惱人的，造成的結果是事物的解結（déliaison）。

「低人一等而且逆來順受」，這種對精神分析而言過於習慣化的論證，很有可能不當地把重複的主題化簡成閹割情結的表現，亞里斯多德所謂「雌者是殘缺了的雄者」是此種表現之範例。幻想的東西既給了瑪蒂的性生活豐富的生命力，也讓她的性生活充滿衝突。在這種幻想裡，女性總是在被貶抑、被虐待的位置。這種幻想，並不乏閹割的表現，但是當閹割主題不足以劃限出其視野、不足以以否定句的方式定義其視野，閹割主題反而助長了女性特質的誇大化。她各種不同版本的幻想之一，是「一串男人」掛在她的乳房上，而她呢，正從各處被穿入。好多好多的男人好多好多的陰莖——這裡，語意的多樣性必須被保留。一方面複數形式的確凸顯出缺乏，但另一

---

13 譯註：性源帶——受皮膚—黏膜覆蓋的整體區域，這些身體部位很容易成為性興奮的根據地。更明確地說，某些地方在功能上就是這類興奮的根據地——口腔區、肛門區、尿道—生殖器區、乳頭。

方面，從一個不那麼古典的角度，我們可以去猜想，似乎總是有比陰莖的數量還多的孔洞需要被滿足。

在卡拉瓦喬（Caravaggio）的《美杜莎之畫》（Méduse）[14] 裡，究竟是哪一個比較令人不安，張牙舞爪的蛇巢或是張著嘴的深淵？

瑪蒂的幻想濃縮了多重人物：「它根源於原初場景中的強暴，主要的養分來源則是部份性特質（sexualités partielles）」。對於瑪蒂，口交是必要的前戲，肛門－生殖器的混淆、可替換性亦不在話下。有時候，她的幻想就是一個句子，想到的時候如果同時自慰就可以幾乎是瞬間達到高潮：「給我好好的吸屌，妳這個小賤貨！」這究竟是男性的幻想還是女性的？我們很可以感受到在這當中的企圖——固定住只想在不同位置中流竄的性，卻只是枉然。枉然的也包括高潮的形式本身：「根本不是人們說的女性高潮嘛，什麼好幾波…它來的時候就那麼一下，射精，就沒了。」瑪蒂說。

女人與母親

關於女人的性特質的歷史文獻，其稀有的程

---

14 譯註：卡拉瓦喬（1571-1610），義大利文藝復興晚期畫家。其畫作特性有強烈的明暗對比，具戲劇性而又寫實。論者謂其開啟了巴洛克時代的藝術風格。其畫作《美杜莎》是在一盾牌上，被斬首的希臘神話蛇髮女妖美杜莎驚恐扭曲地張嘴瞪眼。

度，正對比於關於女性生殖力文獻之豐富程度。後者是社會體關注的最核心，因為社會的繁衍是一個社會最關注的事情。相對應的女性意象是一個母親－子宮的形象，大量地透過神話與宗教傳達，當然醫學文獻也不落人後——打從已知的最古老的文獻（卡昂的紙莎草紙文稿[15]，西元前一千九百年的埃及文獻）開始，一直到今日。在很長的一段時間，所有女性的疾病都被歸結到子宮這個單一的器官、它移行所帶來的紛擾。那時的歇斯底里（希臘文是 hustera，而子宮是utérus）便涵括了所有疾病，而長期以來施予的治療是用煙薰法（經由陰道口），希望透過這個方法可以安撫子宮並讓它回到正軌。回到正軌也就是恢復秩序：女人必須消弭於無跡而讓母親顯露出來。

　　有兩條主要的道路，穿越時空與文化差異，是潛抑所依循的道路。其一，是將母親對立於女人。把女人消弭掉、把女人的性特質消弭掉，這尤其是為了掩蓋人類性特質結構性的醜聞——它可以獨立於生殖目的而存在。若考量基督教義比起所有其他文化形構，更堅持性行為只有在具有生殖目的時才可以發生，而它本身是一個聖母的宗教，這絕非巧合。以聖葉里諾（Saint Jérome）[16]為首的神學家們，殷殷期盼著把性消融於生殖，

15　譯註：卡昂的紙莎草紙，le papyrus Kahun，是目前已知最古老的醫學文獻，主要討論婦產科的問題。

16　譯註：聖葉里諾（347-419/420），羅馬帝國時代的神學家，其卓著貢獻為將聖經由希伯來文與希臘文翻譯為拉丁文。

同時也就理想化聖母，乃至於將她視爲處女。到了中古世紀，對俗世的母親們，人們的要求沒那麼多，縱然也已不少：在禁食日（也因此禁慾）與不潔日（經期、孕期、產褥期）之間，剩下能有性生活的日子簡直跟照了光的貓眼一樣，越縮越小。

　　第二條潛抑的道路，是讓人察覺不到母親本身的性特質，如何滲透到給嬰兒的照顧中。佛洛伊德在《性學三論》中關於尋常誘惑的句子始終是招人議論的，平常那些至少還願意聽他說什麼的人，聽到此也不禁跳腳起來：「嬰兒跟照顧他的人（通常是媽媽）之間的交流，對他而言是一個持續的性興奮的來源，尤其因爲這個人把源自她自己性生活的情感當成禮物送給小孩，這些包括愛撫、親吻、抱著搖，把嬰兒一整個當作完整性對象的替身。」這樣的母親，是日常生活裡的誘惑者，潛抑讓她掩藏得很好；這不是中世紀才有的潛抑，而是任何文化都有的現象。即使在某些母親會檢查陰莖是否能勃起的文化（譬如在某些非洲社會），這個檢查動作之所以可能，也是因爲它被嵌入生育力的宇宙論中——至於陰蒂的勃起，那就不用談了，人們不會想檢查它是否會勃起，它招引來的只有陰蒂切割術。作爲一個性存在的母親，她既是原初的誘惑者，又是典型的亂倫慾望的對象，因此結合了所有被堅定地排拒

在意識之外的條件。不過三不五時總是會有一些明眼人，看到把照顧嬰兒的動作過分性化的危險性。珮提-哈戴（Petit - Radel），十八世紀末期的醫生，指出：「不該總是讓奶媽遠離她丈夫的親近，因為，當她們不能滿足她們的慾望時，這便足以讓她們得到歇斯底里症，這對小孩總是有壞處的。」

用透過「母性」（le maternel）而被確立的潛抑功能以抵抗「女性」（le féminin），這種潛抑功能不只是文化與歷史事實，它也關連到女性性特質本身。這種情況並不罕見：「年輕女性或青少女過早的懷孕，讓她能夠邁向女人的道路提早被關閉了起來。成為一個女人的道路上，所有會有的令人無法忍受與令人焦慮的東西，被懷孕的事件推到高峰。」如果說，會勃起的陰莖替男生畫出一條可見且令人心安（征服性的）區分內外的疆界，那些「滲漏」、各式各樣的「失血」[17]傳達給女孩的是一個關不緊的身體的焦慮。這種情況亦不罕見：「年輕青少女覺得白帶這種東西跟月經不同，它沒有功能、沒有用途，只是激起她對自己性別的厭惡，甚至幻想她的身體是一個沒辦法關緊的身體。」要能夠享受陰莖插入，還必須在精神上能確定她的身體包覆是關閉的。或

---

17 譯註：原文為perte，意為失去、喪失。複數形式時為醫學用詞，多指從生殖器排出的分泌物，如 pertes blanches 為白帶， pertes rouges為子宮出血，pertes séminales為遺精。

許，皮膚自我（moi-peau）[18] 在精神上的誕生成形（psychogenèse），以及與其相關的完滿自戀的精神形成，對女孩來說是一段更漫長、更艱難的道路。

誰，不論是個體或社會，又能讓母親的性為了她自己而浮現呢？

古往今來女性性器官的沈默，讓她可以純真無邪地追尋其目標，而不會被人察覺：懷孕的心滿意足、隱藏在哺乳下的高潮、母親的激情──「母親對她正在哺乳和照顧的嬰兒的愛，」佛洛伊德寫到：「比起日後她對青少年的孩子的情感那深度是不可同日而語的。所以，（如果）這種愛是人類所能企及的眾多幸福的形式之一，那顯然並不是因為它也提供了一種可能性，是讓母親可以──毋需自責地──滿足長久以來潛抑的，其性質應以性變態（perverses）形容之的慾望蠢動。」

在女性性器官的靜默與不著痕跡之外，還有其他的性生活面向讓女性可以獲得滿足而不被人察覺──一種軟性的同性戀特質。兩個女人可以毫無困難的共享一個浴房，而男人的話，至少要十一個人才行，一組足球隊員的人數。又或者，

---

18 譯註：le moi-peau為法國分析師Didier Anzieu的重要理論發展。

是滿足地抱著「小嘟嘟」——一團睡覺少不了的布。這個東西很有趣，它就跟厭食一樣是經由統計而被歸到女性屬性的：那些每天晚上抱著它、嗅著它、吸吮它的女人們，可以不帶一絲羞愧的談論它，彷彿這件由部份性特質組成的拼布玩偶也被潛抑，用魔術變不見似了。

罪惡的淵藪：惡魔的入口(誇大、過分的女性特質)

宙斯（Zeus）與赫拉（Héra）在辯論男性和女性在性愛中享有多少比例的快感，兩人爭執不下，去問提瑞莎（Tirésias）——神話故事裡提瑞莎又當過男生又當過女生。他回答，如果高潮快感分成十份，女得九份而男得其一。之後天后赫拉把這個放肆的人弄瞎了（同樣的懲罰也落在亂倫罪行的代表性人物伊底帕斯頭上），因為他知道太多事情又洩漏了性別的祕密。我們可以稱呼為「提瑞莎觀點」的這個意象，實際上穿越了時空也跨越了文化。十九世紀出現了一個實證主義的版本，同時也較為含蓄，《醫用科學辭典》（Dictionnaire des sciences médicales）在女性的條目下指出：「就肉慾而言，一個女性大約等於兩個半男性的量！」這種高潮的不平等，等於是另一種說「女人很危險」的方式。她對男人是危險的對女人自己本身也是危險的。傳道書的詛咒從混沌未開的時代就流傳下來了：「是從女人才開始有原罪的，也是因為女人我們才得受死。」

中古世紀更加重原罪的性化，也就把不成比例的女性性特質的意象推到最極致。在夏娃之前有雄的人有雌的人，耶和華說：「你們要生養眾多」[19]。隨著夏娃的出現，有了女人、歡愉（為了對抗亞當的「無聊」）與性。以前是只有專門為了種族延續而存在的雌的人。到了中古世紀，一種「太容易被惡魔矇騙的性別」的形象一個接一個被創造出來：「巫婆、下蠱的女人、勾魂的女人、耍手段的女人…」甚至男人以為他們權力可保的地方，女人也統治著。神的律法把女人排除在聖職之外，但若望·克里梭斯托（Jean Chrysostome）[20]寫道：「她們具有如此的威力，以致於她們會讓她們想要的神父中選」。幾個世紀後，同樣的批評又再度出現，這一次是1789年的革命人士揭發舊政權的不是：「女人在夜裡當政！」女人的性甚至挑戰上帝的能 —— 萬能的上帝，「他能讓失貞的人重獲童貞嗎？」聖葉里諾自問著。這居然是個問號！神學家得用盡心思才能讓聖母瑪麗亞不受人懷疑，生產這件事讓他們尷尬，嬰兒從母親的性器官穿出來是一個教人無法忍受的意象 —— 這也並非毫無道理，偶而會在無意識中看到，只要把運動方向顛倒過來，把部份移位到全部，生產一事可以代表著亂倫交媾。為解決這個難題，這些神學家宣告，就連生產後也還是處女：「外陰與子宮是閉鎖的」。

---

19 譯註：見創世紀的第六日，聖經創世紀第一章27與28節。
20 譯註：若望．克里梭斯托（344/349-407），君士坦丁堡大主教。

「女人，妳是罪惡的淵藪，魔鬼的入口。」特圖里安（Tertullien）[21] 如此寫道。古典時期的醫學所云亦不出其右：「要怎麼理解女人會向她的慾望臣服，會願意接受『交合』，尤其她得忍受那麼多的不便與痛苦（懷孕、生產）？」唯一的解釋：「因爲她強烈的肉慾，比男性的肉慾要蠻橫多了」，女人的慾望是「塞滿自己，藉此以避免那自然宇宙亦厭之的空蕩」。女人，「在裡頭是貨真價實的野獸，」狄德羅（Diderot）這樣寫道。女性的身體多了好些個享樂的器官：「陰蒂（被暱稱爲『男人看不上眼的小東西』）、陰道、永遠不滿足的子宮…」要減少她們享樂的器官的念頭似乎跟醫學一樣古老 —— 用燒灼小陰唇與割除陰蒂以治療「不害臊」。女性的性特質被醫學監督著，幾個世紀以來都是如此，就連現代也不例外。當然，今日醫學想傳達的訊息有所改變：「女性的癌症原是愛情的善果哪」，這是前陣子一本女性雜誌的標題。這可以連到希波克拉底（Hippocrate）[22] 的善意，他說，性交對女性是有益處的（條件是不可濫用），因爲性交可以排空體液[23]。但比起隨著歷史變異的醫學啓示更重要的是：「只要一提到女性性特質的身體，人們

---

21 譯註：特圖里安（160-220），早期基督教著名的神學家與哲學家以拉丁文寫作大量基督教義理論，被譽為「拉丁基督教義之父」
22 譯註：古希臘醫學家，被尊為醫學之父。
23 譯註：體液學說（la théorie de l'humeur）是希波克拉底建立的疾病理論。主張人體有四種體液（humeur），疾病乃因體液之不平衡所致。

就一成不變地提倡保健衛生。

　　男性對這種無法滿足的女性性特質的意象，不可能不起作用。首先，是閹割焦慮的效應。它創造出來的危險，跟這種女性性特質的意象一樣不成比例。但它是唯一的原因嗎？在這裡值得懷疑。男人與女人精神結構的發展，並不是分別在兩個互不相涉的星球上各自開展。事實上，其中一方會佔據另一方的精神舞台。一位美國的性學家，他是位女性，瑪莉・珍・雪佛（Mary Jane Sherfey），她主張女性的性快感是傳承自「某些靈長類雌性過度高潮的能力」，這種能力是「如閃電般瞬間達成骨盆充血與腫脹」。這個電是打到誰？女性性學家也沒能逃過閹割者的幻想。瑪莉・珍・雪佛對女性性冷感所提出的解決辦法，簡單得教人不知如何是好：「足夠頻繁且夠持久的性交！」這跟中古世紀的亞里斯多德學派的主張一比，就沒啥新意：「女性身體裡過多的溼氣，賦予了她無限性行為的能力。」詩人感嘆著：「累了，但不滿足」（ Lassata sed non satiata ）[24]，這意味著累不是滿足。我想到一個年輕女性，當性關係不足以安撫她時，她最後會以一頓暴食「收尾」。

---

24 譯註：這個句子出自尤維納利斯（Luvenalis）的諷刺詩（Satires）尤維納利斯是西元一至二世紀的羅馬詩人。他的諷刺詩總共被編成五冊流傳於世。這首詩描述一位羅馬皇后夜裡潛進一家妓院接客，到妓院老闆要關門了她還不情願離去。詩人感嘆著：她雖然累了，但還不滿足。

在分析的架構中——儘管在分析中，這一切的出現不會像暴食一樣那麼喧囂——不難看見在這覆蓋一切的性冷感之下，在盾牌般的症狀的源頭處（以瑪蒂為例），藏著一個威脅性的性特質的幻想，這個威脅不僅朝外對著別人，對自己也是個威脅。因此在精神上最好小心一點，不要讓野馬脫韁。

在閹割的問題之外，在我看來，這種無法滿足的女性性特質的千年幻想，可以找到至少兩個源頭。其中之一就隱含在前述的兩則佛洛伊德的引文中，這可以稱之為尤嬌卡絲達（Jocaste）觀點，但是這在佛洛伊德筆下是十分罕見的，索福克勒斯（Sophocle）卻把它說出來了：「尤嬌卡絲達知道，亂倫的慾望不是只有伊底帕斯有。『別怕一個母親的陰道入口，許多人便已在夢中享受過母親的床褥。對這種事情最不以為意的人也是最能自在承受生命的人』」。第一個不成比例的女性角色就在此了——成為母親完整的性客體。小小孩，不管是男生或女生，如何能迎得上尤嬌卡絲達的慾望？小漢斯的母親早晨把她的兒子抱到床上跟她親親，這或許還說得過去，「但是她去梳洗的時候也把他一起帶過去，這樣好嗎？」佛洛伊德問到。

第二個源頭在於女性特質本身在精神上的成

形過程，並不全然可以說是第二個源頭，因為，它是與第一個源頭相連的，甚至是衍生自第一個源頭。

　　如果，從佛洛伊德關於女性性特質的理論出發，我們實在很難理解這種誇張化女性特質的幻想。因為佛洛伊德的理論是從陰莖欽羨與閹割情結去演繹出女性特質，也因此這種女性特質的心理位置是次發而晚成的。但，在一個很邊緣的位置，在他的主要理論之外，還有另一條線索若隱若現地串起了他的全部作品；這條線索從未曾消失過，但也從未曾織出什麼具體的東西出來。這條線索開始於與弗里斯（W. Fliess）這位雙性性特質的專家的通信：「我們可以懷疑被潛抑的核心元素總是女性元素。」而結束於「拒絕女性特質」，拒絕女性特質被視為最頑強抵抗精神改變的基柱。線索裡還有一個中繼站：「『幼兒的』與『女性的』的重疊」，這個中繼站的時間點正是佛洛伊德賦予被虐性（masochisme）一個原發的位置（une position primaire）[25]。

　　我曾試著在《性特質的女性起源》（Aux origines féminines de la sexualité）一書中探查這個「幼兒與女性重疊」的線索，當中的想法是存在

---

25 譯註：這裡指的是，佛洛伊德與弗里斯早年的通信；1924年的〈受虐的經濟學問題〉；1938年的〈有盡與無盡的分析〉。這三個時間點中所透露的佛洛伊德對女性的另一種觀點。

著一種「原發的女性特質」（féminité primitive）。
最早發生的性經驗，只需要發生一次就可以一輩
子把人類的性與幼兒形態（l'infantilisme）接合在
一起；這些把最早期的呵護沾染上如此多的快感
的性經驗，這些早在生殖器官性（génitalité）宣告
它的規範限制之前就發生的性經驗，「**在本質上
很自然地就是被動性的**」，如同佛洛伊德在此強
調的，這和之前提到的尤嬌卡絲達觀點可以相互
呼應。對小小孩而言，不管他的性別為何，在性
發生的源頭都會找著被動的經驗，臣服於另一個
人的慾望的經驗 —— 即使認同於誘惑者的過程會
儘可能地快速與積極。我的假設是，當女性特質
可以成為被動形式（la forme passive）中無法被思
考的部份（la part d'impensable）的表徵時，我們便
有可能將女性特質與被動性接合在一起；嬰兒像
是一個開口，無意識的成人性特質混雜著最早期
的呵護，從這個開口傾倒進來或者滲透進來，而
女性位置則延續了這個幼兒門戶大開的位置。

　　這種生命初始的被動性，其際遇將隨著個人
生命的開展，擺盪於最徹底的潛抑與最令人喜悅
的精神層次的提昇之間。三不五時，可以在各種
精神分析理論中看到從「接納」（réception）的角
度 —— 接納，作為一種性目標 —— 觸及這種被動
性。「接納」，聽起來比插入或破門而入柔和多
了。但是我們很難想像，為什麼這種既不暴力也

不具衝突性的意象會跟無意識有關。原初場景遠非一個接納的場景，它始終是一個強暴的場景。有時在臨床上可以聽出這種強硬的、驅力性的原初被動的展現，我認為它很本質性地促成了誇張化的女性性特質的幻想。這些展現，通常都帶有還未被滿足的性等待的味道：「男人不勃起、勃起得不夠、勃起得不夠頻繁、勃起得不夠久。」關於陽具的優位，女人們想要的不只是聽人們說說而已。舉個例子吧，奧菲麗雅（Ophélia）正準備跟她丈夫離婚，構成他們諸多離婚動機中的一個重大原因正是他缺乏性回應。「我想要的，」奧菲麗雅說：「是男人把我硬壓在浴室的牆上、把我從沙發上拖下來、翻過來…」

〈參考文獻〉

André Jacques, « Aux origines féminines de la sexualité », PUF, (1995, Réédité en collection « Quadrige », 2004), Los origenes femeninos de la sexualidad, Sintesis, Madrid.

André Jacques, « La sexualité féminine », Que sais-je ? , PUF, (1994, 3eme édition en 2003), La sexualidad feminina, Cruz, Mexico.

André Jacques, « La féminité autrement », PUF, (1999), La femineidad de otra manera, Nueva Vision, Buenos Aires.

André Jacques, « Problématique de l'hystérie », Dunod, (1999), Problematica de la histeria, Sintesis, Madrid.

Encyclopedia universalis, article «reproduction », vol.XIV. Freud, Trois essais sur la théorie sexuelle (1905), OCF VI, PUF.

Freud, Un souvenir d'enfance de léonard de Vinci, OCF X.

Freud, De la sexualité féminine (1931), OCF XIX, PUF.

Freud, La féminité (1932), OCF XIX.

Parat Hélène, Sein de femme, sein de mère, Petite Bibliothèque de Psychanalyse, PUF, 2006.

和身體搏鬥的女性特質

Editions Utopie

Utopie
無境文化事業股份有限公司

新書預告 陸續出版中

───────── 【在場】精神分析叢書 ─────────

精神分析與藝術
作者：Daniel Widlocher
譯者：楊明敏／賴怡妝／林淑芬

從畫家Giovanni Segantini 到La Tour，作者探討的不僅是藝術，也論及精神分析的情感、同理心以及共同思考的問題。

佛洛伊德的虛構與真實
作者：Laurence Kahn
譯者：康鈺珮

以訪談的方式，有別於「外行人的分析」中立場公正的第三者，作者企圖以淺顯但又詳盡的說明，回覆被誤解簡化的佛洛伊德。

1897-1904的佛洛伊德
作者：Laurence Kahn
譯者：黃世明

剛結束論歇斯底里的時期、直到精神分析理論發揚光大，期間是佛洛伊德與友人Fliess的通信、與朵拉的相遇以及夢的解析的完成。

───────── 【奪朱】社會政治批判叢書 ─────────

倡議一個批判的政治哲學（下）：宰制還是民主
Pour une philosophie politique critique

作者：Miguel Abensour 譯者：吳坤墉

「為何被宰制的多數不起而反抗？」政治哲學家的批判與吶喊。

駁于連 Contre François Jullien

作者：Jean François Billeter 譯者：周丹穎

漢學大家對於「玄之又玄的中國研究」之無情批判。

反思斷頭台 Réflexions sur la guillotine

作者：Albert Camus 譯者：石武耕

存在主義大師卡謬對死刑的深刻反省。

倡議一個批判的政治哲學：條條道路

Pour une philosophie politique critique : Itinéraires

作　者｜米蓋勒-阿班樞

　　　　Miguel Abensour

譯　者｜吳坤墉

出版年｜2010/01

定　價｜200元

關於　倡議一個批判的政治哲學：條條道路

《民主被界定為一種政治制度形式，其實是錯誤地被等同於代議制度以及法治國家。這簡直就像是讓民主躺到 Procuste 的床上般地隨意肢解，折斷其翅膀。

　　事實上，我們一直反覆思索的，都是要喚醒民主內在中，解放的發動力···幾乎或完全見不到對民主的墮落、落入寡頭專制或威權主義，提出質問。只有少數人拒絕全盤接受民主之現狀，不願只因為民主/極權主義這極度明顯的反差，就感到欣慰，而嘗試以別種方式來思考民主。因為那種看法使人以為，所有不是極權主義的，就必然屬於民主。我們可以了解，用這種尺度去測量，那些還不到極權主義程度之民主的墮落，就可以為人忽略，因為根本就不知道要如何去辨識它們···》

無止盡的「成為女性」:女性 母性 慾望/ Jacques André 作;吳建芝譯. --初版. --高雄市:
無境文化, 2011,09. 面; 公分, --【在場】精神分析叢書02 譯自:Le devenir-femme sans fin
ISBN 978-986-85993-2-1(平裝) 1.精神分析 2.佛洛伊德 3.輔導與諮商